NOSSO PROPÓSITO MAIOR

● Ryan Patrick Hanley

NOSSO PROPÓSITO MAIOR

———— ● ————

Lições de
Adam Smith
sobre Viver uma
Vida Melhor

Rio de Janeiro, 2022

Nosso Propósito Maior

Copyright © 2022 da Starlin Alta Editora e Consultoria Eireli.

ISBN: 978-65-5520-190-1

Translated from original Our Great Purpose. Copyright © 2019 by Princeton University Press. ISBN 978-0-6911-7944-5. This translation is published and sold by permission of Princeton University Press, the owner of all rights to publish and sell the same. PORTUGUESE language edition published by Starlin Alta Editora e Consultoria Eireli, Copyright © 2022 by Starlin Alta Editora e Consultoria Eireli.

Impresso no Brasil — 1ª Edição, 2022 — Edição revisada conforme o Acordo Ortográfico da Língua Portuguesa de 2009.

Todos os direitos estão reservados e protegidos por Lei. Nenhuma parte deste livro, sem autorização prévia por escrito da editora, poderá ser reproduzida ou transmitida. A violação dos Direitos Autorais é crime estabelecido na Lei nº 9.610/98 e com punição de acordo com o artigo 184 do Código Penal.

A editora não se responsabiliza pelo conteúdo da obra, formulada exclusivamente pelo(s) autor(es).

Marcas Registradas: Todos os termos mencionados e reconhecidos como Marca Registrada e/ou Comercial são de responsabilidade de seus proprietários. A editora informa não estar associada a nenhum produto e/ou fornecedor apresentado no livro.

Erratas e arquivos de apoio: No site da editora relatamos, com a devida correção, qualquer erro encontrado em nossos livros, bem como disponibilizamos arquivos de apoio se aplicáveis à obra em questão.

Acesse o site www.altabooks.com.br e procure pelo título do livro desejado para ter acesso às erratas, aos arquivos de apoio e/ou a outros conteúdos aplicáveis à obra.

Suporte Técnico: A obra é comercializada na forma em que está, sem direito a suporte técnico ou orientação pessoal/exclusiva ao leitor.

A editora não se responsabiliza pela manutenção, atualização e idioma dos sites referidos pelos autores nesta obra.

Dados Internacionais de Catalogação na Publicação (CIP) de acordo com ISBD

H241n Hanley, Ryan Patrick
　　　　Nosso Propósito Maior: Lições de Adam Smith sobre Viver uma Vida Melhor / Ryan Patrick Hanley ; traduzido por Alberto G. Streicher. - Rio de Janeiro : Alta Books, 2022.
　　　　168 p. ; 16cm x 23cm.

　　　　Tradução de: Our Great Purpose
　　　　ISBN: 978-65-5520-190-1

　　　　1. Filosofia. 2. Adam Smith. 3. Vida. I. Streicher, Alberto G. II. Título.

2022-1279
　　　　　　　　　　　　　　　　　　　　　CDD 100
　　　　　　　　　　　　　　　　　　　　　CDU 1

Elaborado por Vagner Rodolfo da Silva - CRB-8/9410

Índice para catálogo sistemático:
1. Filosofia 100
2. Filosofia 1

Produção Editorial
Editora Alta Books

Diretor Editorial
Anderson Vieira
anderson.vieira@altabooks.com.br

Editor
José Ruggeri
j.ruggeri@altabooks.com.br

Gerência Comercial
Claudio Lima
claudio@altabooks.com.br

Gerência Marketing
Andréa Guatiello
marketing@altabooks.com.br

Coordenação Comercial
Thiago Biaggi

Coordenação de Eventos
Viviane Paiva
comercial@altabooks.com.br

Coordenação ADM/Finc.
Solange Souza

Direitos Autorais
Raquel Porto
rights@altabooks.com.br

Produtora da Obra
Maria de Lourdes Borges

Produtores Editoriais
Illysabelle Trajano
Paulo Gomes
Thales Silva
Thiê Alves

Equipe Comercial
Adriana Baricelli
Ana Carolina Marinho
Daiana Costa
Fillipe Amorim
Heber Garcia
Kaique Luiz
Maira Conceição

Equipe Editorial
Beatriz de Assis
Betânia Santos
Brenda Rodrigues
Caroline David
Gabriela Paiva
Henrique Waldez
Kelry Oliveira
Marcelli Ferreira
Mariana Portugal
Matheus Mello

Marketing Editorial
Jessica Nogueira
Livia Carvalho
Marcelo Santos
Pedro Guimarães
Thiago Brito

Atuaram na edição desta obra:

Tradução
Alberto Gassul Streicher

Copidesque
Luciana Ferraz

Revisão Gramatical
Vanessa Schreiner
Rafael Fontes

Diagramação
Carol Palomo

Capa
Paulo Gomes

Editora afiliada à: ASSOCIADO

Rua Viúva Cláudio, 291 — Bairro Industrial do Jacaré
CEP: 20.970-031 — Rio de Janeiro (RJ)
Tels.: (21) 3278-8069 / 3278-8419
www.altabooks.com.br — altabooks@altabooks.com.br
Ouvidoria: ouvidoria@altabooks.com.br

Para minha filha

Sumário

Introdução   1

1. Do Interesse Próprio   11

2. Do Cuidado pelos Outros   15

3. Do Agir pelos Outros   19

4. Da Imaginação   23

5. Do Melhoramento de Nossa Condição   27

6. Das Misérias e Perturbações   31

7. Da Mente Saudável   35

8. Da Tranquilidade e do Prazer   39

9. Da Adoração às Riquezas   43

10. Da Amizade   47

11. Do Prazer   51

12. Do Ódio e da Ira   55

13. Do Ser Amado   59

14. Do Amar   63

15. Do Prosperar   67

viii • NOSSO PROPÓSITO MAIOR

16. Do Ser Amável 73

17. Do Ver-nos a Nós Mesmos 77

18. Da Dignidade 81

19. Da Igualdade 85

20. Da Escolha 89

21. De Si Mesmo e Dos Outros 93

22. Da Perfeição 97

23. Da Sabedoria e da Virtude 101

24. Da Humildade e Beneficência 105

25. Do Louvor e do Merecimento de Ser Louvado 109

26. De Sócrates 113

27. De Jesus 119

28. De Hume 123

29. De Deus 129

Epílogo. Por Que Adam Smith em Pleno Século XXI? 133

Lista de Citações 139

Textos e Leituras Adicionais 141

Notas 149

Agradecimentos 157

Introdução

O que significa "viver uma vida melhor"? Aliás, para começar, o que significa exatamente "viver uma vida"? Essas são perguntas nada fáceis de serem respondidas. E, certamente, tampouco são coisas fáceis de serem feitas. Mas, parece-me ao menos, que viver a vida exige que estejamos empenhados na busca de uma trajetória que possamos reconhecer como "vida" — ou seja, uma trajetória que não apenas tenha começo, meio e fim, mas que também apresente uma unidade que nos permita ver todas suas partes diferentes, juntando-se de maneira que faça sentido.

Algumas pessoas são melhores nisso do que outras. Porém, muito depende do fato de sermos capazes de fazê-lo corretamente. Afinal, cada um de nós recebeu apenas uma vida para viver. Assim, à medida que vivemos essa nossa vida única, temos que tomar inúmeras decisões acerca de quais caminhos seguir ou não. E o que torna um caminho melhor do que outro? Que padrão devemos usar para julgar quais escolhas fazer? E onde devemos buscar orientações sobre tudo isso?

Este livro sugere que podemos encontrar em Adam Smith um guia excelente para essas questões. É possível que isso surpreenda muita gente. Obviamente, Adam Smith é conhecido atualmente como o pai, o fundador do capitalismo, e não por suas ideias sobre como viver a vida. No entanto, como apresento em seguida, Smith tem, de fato, muito a nos oferecer nesse âmbito. Em especial, sua filosofia de vida (e realmente acredito que estejamos certos ao falarmos de seu pensamento de tal forma) é fundamentada em uma síntese de ação e reflexão — ou, usando as palavras do próprio Smith, uma síntese de "sabedoria" e "virtude".[1]

A crença de Smith de que para viver uma boa vida é necessário associar ação e reflexão não é apenas central para sua filosofia de vida, mas também faz distinção de seu projeto com relação a outros tipos de esforços nessa linha. Quando os leitores modernos ouvem falar sobre viver uma boa vida, talvez esperem encontrar um livro de autoajuda, o tipo de coisa que delineia (nas palavras de um exemplo conhecido) um conjunto de "regras para a vida".[2] Smith, contudo, nunca quis escrever um livro de autoajuda, mesmo que alguns de seus leitores possam ter tentado lê-lo de tal forma. Seu primeiro biógrafo disse, certa vez, com relação ao seu principal trabalho sobre a filosofia moral que "com as doutrinas teóricas do livro, há um entrelaçamento constante, feito com inigualável gosto e método, entre as máximas mais puras e elevadas relacionadas à conduta prática da vida".[3] Um século depois, ninguém menos do que o então futuro presidente dos EUA, Woodrow Wilson, reiteraria a mesma lição em algumas de suas aulas na Universidade de Princeton, afirmando que Smith "resguarda em seus volumes inúmeras das mais sábias máximas práticas, dignas de terem sido proferidas pelos mercadores mais astutos de Glasgow, sociedade com a qual ele tanto aprendeu".[4] Contudo, considerando todas essas coisas, faremos uma grande injustiça a Smith se reduzirmos suas preocupações com a filosofia de vida a máximas práticas do tipo que se pode encontrar no trabalho de Benjamin Franklin, amigo de Smith, ou nos livros atuais de autoajuda. Falando abertamente, Smith sabia que há uma diferença enorme entre aprender a ter sucesso na vida e aprender a viver bem a vida.

Os livros de Smith, portanto, têm algo a oferecer àqueles ocupados e em ascensão.[5] Porém, acredito que tenham mais a oferecer a um tipo diferente de leitor, que está em busca de algo mais do que conselhos fáceis, soluções rápidas e listas de regras. Este livro apresenta a sabedoria de Smith nessa linha para os leitores que receberão de bom grado não apenas a oportunidade de ver Smith com outros olhos, mas como uma oportunidade de ver como ele, sob esse novo olhar, pode guiá-los a ver a si próprios e às próprias vidas de uma maneira nova.

E é certo que veremos Smith com outros olhos. Sua filosofia de vida não foi um elemento proeminente nos volumosos estudos sobre seu pensamento. Alguns dos melhores estudiosos de seu pensamento, na verdade, defenderam que Smith acreditava que o objetivo da filosofia moral é meramente disponibilizar "um relato da origem e da função" de nossos conceitos morais e, consequentemente, "se quisermos orientações sobre como viver a boa vida, devemos buscar em outro lugar".[6] Ficará evidente, com o que se segue, que tenho um ponto de vista diferente. Mas meu objetivo neste livro não é definir marcos acadêmicos. Já contribuí com o debate acadêmico em meus outros livros e artigos sobre Smith, que incluem todas as citações e notas de rodapé detalhadas para a literatura especializada, necessárias às contribuições para tais debates. Porém, meu objetivo aqui é diferente.[7] Ao apresentar Smith como um sábio guia para vivermos a vida, lanço certa luz sobre algumas porções de seu pensamento que receberam uma atenção relativamente menor e espero que isso seja de interesse dos especialistas. Contudo, mais importante ainda, espero que, ao apresentá-lo dessa forma, os leitores deste livro possam ter a oportunidade de passar algum tempo com — aliás, viver com — um pensador que tem muito a nos mostrar com relação à nossa própria vida e em quanto ganhamos ao pensarmos nisso, se esperamos vivê-la da melhor forma possível. Encontrei Smith pela primeira vez há 25 anos e sei que minha vida está melhor em virtude dos anos que vivi com ele. Espero que isso possa se tornar verdade para você também.

* * *

Este livro fala, é claro, sobre os pensamentos de Smith quanto a viver uma boa vida. Assim, não se pretende aqui fornecer uma análise completa sobre a vida e o pensamento do próprio Smith. Entretanto, uma vez que a história de sua vida e os temas mais amplos sobre seu pensamento não são irrelevantes ao nosso propósito, pode ser útil fazer uma breve introdução sobre sua vida e suas ideias.[8]

Smith nasceu em 1723 na cidade litorânea de Kirkcaldy, ao norte de Edimburgo. Seu pai faleceu antes de seu nascimento, deixando-o aos cuidados de sua dedicada e amorosa mãe. Após receber uma excelente educação básica na escola paroquial, ele foi enviado para estudar na Universidade de Glasgow. Lá, completou sua graduação, em partes sob a tutoria de seu amado professor Francis Hutcheson, amplamente considerado, na atualidade, como o pai do que viria a ser conhecido como o Iluminismo Escocês. Após a conclusão em Glasgow no ano de 1740, Smith recebeu uma bolsa em Oxford para continuar seus estudos preparatórios para sua carreira como padre. No entanto, Oxford o decepcionou, e ele voltou à Escócia em 1746.

De volta à Escócia, em vez de seguir carreira na igreja, Smith apresentou uma série de aulas públicas sobre retórica. Isso lhe angariou atenção suficiente, de modo a ser considerado para uma cátedra em Glasgow, posição que recebeu e deu início em 1751. Em Glasgow, Smith lecionava sobre assuntos que variavam desde retórica e belas-letras a teologia natural, lógica e jurisprudência. Porém, foi principalmente como professor de filosofia moral que ele passou a ficar conhecido. Sua carreira em Glasgow como professor admirado e administrador competente continuou até 1764, quando pediu demissão de seu posto na universidade para aceitar a posição de tutor viajante do Duque de Buccleuch. Smith passou os dois anos seguintes na França, na companhia do Duque, como guia em sua Grand Tour. Essa seria sua única viagem fora da Grã-Bretanha, mas para o francófilo Smith foi marcante, especialmente por ter lhe permitido conhecer e conversar com diversas figuras proeminentes do Iluminismo.

Quando estava na França, Smith começou a escrever um livro, o que o manteve ocupado durante toda a década após seu retorno à Escócia, em 1766. Após o término e a publicação desse livro, ele passou a ocupar um cargo público em Edimburgo, servindo à Coroa como agente aduaneiro, função que exerceu até sua morte. Nesses últimos anos em Edimburgo,

Smith viveu uma vida feliz como um homem das letras, reunindo-se com seus amigos e recebendo visitantes na casa que dividia com sua mãe e prima. Essa residência em Edimburgo, Panmure House, ainda existe, e foi lá que Smith passou seus últimos dias em 1790, logo após enviar para impressão as revisões finais de seu primeiro livro.

Smith levou uma vida pacata. Temos algumas anedotas divertidas sobre ele — incluindo uma sobre a ocasião em que caiu em um buraco de curtume enquanto discutia sobre os benefícios do trabalho especializado; outra sobre quando, distraído em pensamentos, tentou fazer chá com pão; e outra, ainda, sobre quando saiu andando pelo campo sem perceber que ainda estava de pijamas. Essas histórias criaram a imagem de um Smith como o clássico professor distraído. E, de fato, solteiro e sem filhos, modesto e introvertido, sua vida realmente foi cercada de livros e ideias. Temos noção disso ao ler sua lápide no cemitério da igreja em Canongate, Edimburgo, a poucos passos da Panmure House. Em sua integralidade, lê-se: "Aqui jazem os restos mortais de Adam Smith, autor de *Teoria dos Sentimentos Morais* e de *A Riqueza das Nações*. Nasceu em 5 de junho de 1723 e faleceu em 17 de julho de 1790." O epitáfio captura a verdade essencial da vida de Smith: aquela que se encontra em seus dois livros publicados, os quais, em conjunto, compõem os fundamentos de seu sistema.

O segundo livro de Smith, *A Riqueza das Nações* — que começou a ser escrito na França e foi publicado em 1776 — é o que o torna conhecido atualmente. Sua intenção original e principal era que o livro fosse uma intervenção no debate mais proeminente sobre economia política de sua época: o debate sobre o livre comércio e, especificamente, o sistema de protecionismo comercial conhecido como mercantilismo. *A Riqueza das Nações* é categoricamente hostil ao mercantilismo; defende que esse sistema serve apenas para encher os bolsos de ricos com interesses especiais e muitos contatos, ao custo direto dos interesses de consumidores menos abastados e que não fazem parte da elite. Contudo, a obra foi muito mais do que apenas um tratado para aquele tempo. A crítica ao protecionismo feita por Smith baseava-se em sua crença na eficiência do "sistema de liberdade natural" e, de fato, a obra deixou sua marca duradoura no papel em defesa desse sistema. Dessa forma, o nome Adam Smith tem sido, para gerações de alunos de economia, sinônimo de uma defesa de tais doutrinas, como a produtividade superior do trabalho especializado, os ganhos mútuos entre compradores e vendedores (e mesmo as nações) que o livre comércio possibilita, assim como os perigos de uma intervenção governamental excessiva nos processos do mercado.

Porém, ainda que Smith deva sua fama ao livro *A Riqueza das Nações*, é seu outro livro que será o centro de nossas atenções. Em 1759, Smith publicou a primeira edição do *Teoria dos Sentimentos Morais*. A ideia de escrever a obra teve como base as aulas dadas por Smith aos alunos de sua classe de filosofia moral em Glasgow. Algumas indicações disso ficam evidentes no texto, como a conclusão de um longo capítulo com a história de várias teorias morais: uma abordagem à história de ideias comuns atualmente, porém inovadoras naquela época. Contudo, a real significância e originalidade da obra encontram-se em outro fator. Sobretudo em *Teoria dos Sentimentos Morais*, Smith desenvolveu uma teoria original de julgamento moral que tem como fundamento seu conceito sobre simpatia: o sentimento que nos leva a sentir, de alguma forma e até certo ponto, o que outras pessoas sentem e algo que, acredita ele, é inerente à natureza humana. A simpatia, por sua vez, é auxiliada por outro mecanismo: a figura denominada por Smith de "espectador imparcial", um juiz ideal cujo julgamento é límpido e sem interferência de sentimentos distorcidos, deliberando, dessa forma, de maneira calma e tranquila sobre certo e errado. Mas, como veremos, paralelamente a essa teoria de julgamento moral, a obra *Teoria dos Sentimentos Morais* também dispõe uma filosofia de vida baseada em um entendimento particular sobre o que significa ter um caráter virtuoso — uma filosofia de vida que deve muito às antigas reflexões sobre a virtude que remontam a Platão, Aristóteles e os Estoicos, mas que é muito conscientemente adaptada ao mundo moderno.

* * *

Para apresentar a filosofia de vida de Smith da forma mais eficaz possível, este livro está organizado em uma série de pequenos capítulos. Cada um concentra-se em apenas uma frase de um dos escritos de Smith (em sua maioria, do livro *Teoria dos Sentimentos Morais*), seguida de um breve comentário sobre o assunto. Assim, espero, entre outras coisas, permitir que o gênio de Smith como escritor possa brilhar. Estudante de retórica clássica e amante da literatura moderna, ele escrevia uma bela prosa. E, ainda que sua intenção não fosse escrever aforismos, suas frases são geralmente sutis e sofisticadas, sendo que, em muitos casos, merecem uma reflexão prolongada. De qualquer modo, ao apresentar seu pensamento dessa forma, ofereço um ponto de entrada acessível para aqueles que se deparam com seus escritos pela primeira vez, bem como um novo panorama pelo qual os veteranos possam reencontrar seus textos e pensamentos. Além disso, cada uma das citações fala por si só e pode ser lida independentemente das outras. No entanto, tanto minha apresentação como meus comentários sobre elas foram dispostos e organizados de tal maneira que contam uma história que começa no primeiro capítulo e termina no último.

Ao selecionar essas citações, fui guiado por meu entendimento de quais eram, para Smith, os principais desafios para viver a vida moderna. Em termos gerais, esses desafios classificam-se em dois grupos. Primeiro estão aqueles provenientes da forma que nós, seres humanos, fomos feitos. Nessa linha, Smith retorna com frequência à ideia de que somos, por natureza, frequentemente guiados para duas direções muito distintas. Por um lado, somos naturalmente levados a nos preocuparmos com nós mesmos e nosso bem-estar. Por outro, somos naturalmente levados a nos preocuparmos com o bem-estar e a felicidade dos outros. Um segundo conjunto de desafios deriva do mundo no qual vivemos atualmente. Assim como os desafios provenientes de nossa natureza, os quais envolvem exigências concorrentes que nos puxam para caminhos diferentes. Como todos provavelmente sabemos muito bem, nosso mundo recompensa os esforços para progredir, concedendo aos bem-sucedidos riqueza, status e poder. Contudo, mesmo hoje, damos valor ao comportamento que sacrifica o interesse próprio, especialmente quando isso causa um bem-estar maior aos outros. Tudo isso é para dizer que tanto nossa natureza como a natureza de nosso mundo nos puxam, ao mesmo tempo, para diferentes direções. Essas exigências concorrentes suscitam desafios fundamentais ao projeto de viver uma vida única e unificada e, por conseguinte, um dos temas recorrentes a seguir é a divisão e a unidade.

Diagnosticar os desafios para viver bem, no entanto, é apenas metade da perspectiva de Smith sobre viver a vida. Assim, ao selecionar suas citações, também fui guiado por meu entendimento quanto ao que Smith pensava ser necessário que façamos em nossa vida se esperamos superar esses desafios. Primeiramente, em sua concepção, precisamos adotar certas virtudes. Algumas delas estão relacionadas a nossos sentimentos com relação a nós mesmos; as virtudes da prudência e do domínio próprio desempenham papéis importantes nesse processo. Outras relacionam-se com nossos sentimentos e nossas ações com relação aos outros, com a justiça e a benevolência desempenhando papéis importantes. Outro conjunto de temas recorrentes a seguir abrange os dois conjuntos de virtudes que nos possibilitam viver uma vida boa e unificada: o que Smith chama de "veneráveis virtudes" da magnanimidade e do domínio próprio e as "virtudes amáveis" da benevolência e do amor.

Ao mesmo tempo, segundo Smith, viver a vida exige mais do que adotar certas virtudes — por mais difícil que essa tarefa seja. Afinal, para adotar essas virtudes, precisamos conseguir enxergar a nós mesmos de maneira nova, ele acredita. Mais do que isso, precisamos desenvolver uma distância crítica de nós mesmos. Ao fazer isso, não apenas passamos a nos ver sob uma luz nova e imparcial, mas também aprendemos a nos ver da forma que os outros nos veem. Não é exagero dizer que Smith acredita que a sociedade comercial liberal depende da habilidade de seus cidadãos para realizarem isso. Porém, minha alegação aqui é mais modesta e, também, mais ambiciosa. Para Smith, viver a vida exige a capacidade de ver e refletir sobre nossa vida. É necessário mais do que apenas a atividade de viver. Exige-se, também, que saiamos de nós mesmos de tempos em tempos para que possamos nos ver sob aquela luz imparcial, por meio da qual o restante do mundo nos vê. Isso é importante, como os estudiosos há tempos perceberam, caso esperemos atenuar um pouco nosso egoísmo. Mas esse ato de reflexão crítica é, também, o que nos permite ver-nos como um "eu", engajado no projeto de viver uma vida de virtude e prosperidade, de unidade e coerência e, consequentemente, de esperança, propósito e significado.

1

*

"Sem dúvida, todo homem é por natureza primeiro e
principalmente recomendado a seus próprios cuidados, e como é
melhor para cuidar de si mesmo do que qualquer outra pessoa,
é adequado e correto que faça assim."

*Ou: o interesse próprio é parte da natureza humana,
mas é um interesse próprio de um tipo bem particular.*

O interesse próprio impulsiona o capitalismo. Tanto os apoiadores como
os opositores do capitalismo concordam nisso, mesmo que não concordem
em mais nada. Pergunte a um defensor do capitalismo por que esse sistema é melhor do que o socialismo. A resposta será que os seres humanos
têm um interesse próprio natural e que devemos viver em um sistema que
recompense o que é natural para nós. Pergunte a um crítico do capitalismo por que deveríamos preferir o socialismo, e a resposta será que isso se
dá porque o capitalismo recompensa nossos impulsos mais baixos e egoístas, não deixando espaço para bens mais nobres, como justiça e igualdade.
Ambos os lados, assim, parecem concordar que o fio condutor do capitalismo é que "ganância é bom", conforme proclamou o personagem Gordon
Gekko, vivido por Michael Douglas no filme *Wall Street*.

Mas o que exatamente é o "interesse próprio"? Adam Smith tem uma
explicação muito boa para essa questão. Ele mesmo costuma ser considerado o campeão do interesse próprio; George Stigler, vencedor do Nobel,
escreveu certa vez que o interesse próprio é o "granito" sobre o qual todo

o sistema de Smith foi desenvolvido.[1] No entanto, devemos ter cuidado nesse ponto. Smith realmente acredita que o interesse próprio é natural para nós. Isso fica muito claro ao lermos a citação no início do capítulo, na qual ele nos diz que "todo homem" é "por natureza" primeiro e principalmente recomendado a "seus próprios cuidados". Assim, em um sentido mais profundo, é correto dizer que, para ele, estamos "programados" para sermos autointeressados. Porém, também fica muito claro que o que Smith quer dizer é muito diferente daquilo que o Dr. Stigler e o Sr. Gekko estão buscando.

Primeiramente, considere o pensamento de Smith sobre o que o interesse próprio nos leva naturalmente a buscar. O objetivo de uma pessoa conduzida pelo interesse próprio natural, diz Smith, é "seu próprio cuidado". Podemos levantar a mesma questão hoje, ao dizermos que determinada pessoa está "cuidando de si mesma". Com isso, o que geralmente queremos dizer é que essa pessoa cuida bem de sua saúde: come bem, não bebe muito, se exercita, dorme o suficiente, e assim por diante. Mas é exatamente isso que, de acordo com Smith, somos naturalmente levados a fazer, de forma imediata e primordial: cuidar de nossas necessidades básicas, especialmente aquelas com relação a nosso corpo, que precisam ser atendidas para permanecermos vivos. Ele diz a mesma coisa posteriormente: "A conservação e o estado saudável do corpo parecem ser os objetos que a natureza primeiramente recomenda ao cuidado de cada indivíduo".[2]

A questão aqui é que nossas necessidades são diferentes de nossos desejos. As necessidades de nosso corpo foram determinadas pela natureza e estão limitadas a ações específicas: alimentação, descanso, e assim por diante. Nossos desejos e nossas vontades, no entanto, são provenientes de outro lugar. Pouquíssimas pessoas, eu suspeito, mesmo que pensem fazer sentido preferir uma Ferrari a um Ford, diriam que é "natural" querer uma Ferrari. De qualquer modo, e o que importa para nós é que a alegação de Smith não é de que seja natural querer uma Ferrari. O interesse próprio que, de acordo com ele, é natural para nós é aquele que nos incita ao autocuidado, e não ao interesse próprio, chamado de "ganância" pelo Sr. Gekko.

Em segundo lugar, ao sustentar que o interesse próprio é natural, Smith não está deliberadamente dizendo que o interesse próprio é bom. Voltando novamente ao Sr. Gekko: sua afirmação não é apenas de que a ganância é natural, mas de que ganância é "bom". Aqueles que afirmam isso podem estar querendo dizer ao menos duas coisas diferentes: de que a ganância é *útil* para a sociedade, na medida em que o comportamento de consumidores motivados pela ganância estimule uma produtividade maior e crie uma sociedade mais rica; porém, também podem estar querendo dizer que a ganância é, de certa forma, *moral* ou *ética* e que aquilo que geralmente denominamos de vício é, na verdade, uma virtude — como sugerido pelo título do livro escrito por Ayn Rand, *A Virtude do Egoísmo*. Qual dessas é a posição de Smith, se é que ele se encaixa em alguma delas?

Há diversas evidências que sugerem que Smith concorda com a primeira colocação. Em *Teoria dos Sentimentos Morais* (para não mencionar *A Riqueza das Nações*), ele nos diz que "é bom que a natureza" tenha nos feito autointeressados, uma vez que isso é o "que dá origem e mantém em contínuo movimento a destreza dos homens". Essa destreza, por sua vez, traz benefícios reais para sociedade como um todo. Especificamente os ricos, apesar de (ou, talvez, por causa de) "seu egoísmo e rapacidade naturais", eventualmente "dividem com os pobres" a riqueza que suas atividades de interesse próprio produziram. A famosa mão invisível entra em cena a essa altura, com a explicação de Smith de que os ricos "são conduzidos por uma mão invisível a fazer quase a mesma distribuição das necessidades da vida que teria sido feita, caso a terra fosse dividida em porções iguais entre todos os seus moradores". Em resumo, o interesse próprio de alguns supre as "necessidades da vida" de todos. O interesse próprio, portanto, não alcança apenas os interesses do indivíduo, mas também "o interesse da sociedade".[3]

Assim, fica claro que, para Smith, o interesse próprio é útil. Mas será que ele também o considera bom em um sentido moral? Nesse ponto, é preciso ir com cuidado. A resposta curta é: depende. Em especial, depende de como é nossa atitude ao buscarmos nosso interesse próprio. Posteriormente, Smith diz explicitamente que "a consideração de nossa felicidade e interesse privados" pode parecer "em muitas ocasiões, como um princípio de ação bastante louvável" e que determinadas ações cultivadas por "motivos de interesse próprio" na verdade são "dignas da estima e aprovação de todos".[4] Mas Smith não era nem um pouco ingênuo. Ele sabia muito bem que as pessoas conduzidas pela esperança de alcançar "aqueles grandes objetos de interesse próprio" são geralmente levadas a agir de maneira "não apenas injusta, mas extravagante".[5] Dessa forma, a posição de Smith quanto à benevolência do interesse próprio é, no mínimo, mais pormenorizada do que a do Sr. Gekko. Para ele, o interesse próprio pode ser buscado moralmente. Porém, também pode ser buscado (e geralmente o é) imoralmente. Uma parte essencial do desafio de viver bem a vida consiste em compreender a diferença entre essas duas maneiras — uma questão sobre a qual falaremos a seguir.

Cabe mencionar uma última questão a respeito do interesse próprio. A citação de Smith encerra-se com a alegação de que todo homem é "mais adequado e capaz de cuidar de si mesmo do que qualquer outra pessoa".[6] Isso pode ser interpretado de duas maneiras. Uma delas é que podemos entender que ele está dizendo que cada um pode cuidar de si mesmo de forma mais eficaz do que qualquer outra pessoa. A outra interpretação possível é que podemos cuidar de nós mesmos de maneira muito mais eficaz do que podemos cuidar de outras pessoas. O próprio Smith, acredito, concorda com ambas as interpretações. A ideia essencial aqui e em outros lugares envolve uma responsabilidade pessoal — a noção de que somos nossos melhores cuidadores e de que tudo fica melhor quando apreciamos o fato de que as outras pessoas também são as melhores cuidadoras de si mesmas. Essa é outra questão à qual teremos motivos para retornar. Mas, por ora, o ponto principal é que Smith, de fato, acredita que temos um interesse próprio natural. Contudo, o que ele quer dizer com isso é algo muito específico e realmente algo muito mais limitado do que geralmente mencionamos atualmente quando falamos de interesse próprio e capitalismo.

2

*

"Por mais egoísta que se suponha o homem, há, evidentemente, alguns princípios em sua natureza que o fazem interessar-se pela sorte de outros, e considerar a felicidade deles necessária para si mesmo."

Ou: por natureza não temos apenas interesse próprio; também temos um interesse natural pelos outros.

Segundo Smith, o interesse próprio nos é natural — como vimos. Mas nem de longe é a única coisa natural para nós. Afinal, além de cuidar de nosso próprio bem-estar, também cuidamos naturalmente do bem-estar dos outros. Como Smith diz na citação acima, parece haver "alguns princípios" em nossa natureza que nos levam a cuidar dos outros e nos fazem ter um "interesse" por seus destinos. Pois bem, o que exatamente são esses princípios é algo que Smith terá, é claro, que explicar. Talvez ele também devesse dizer algo sobre como passou a pensar dessa forma; até aqui, ele apenas nos informa que isso é óbvio. No entanto, nada disso deve nos fazer perder de vista a questão principal, algo simples, porém crucial: que o interesse próprio é apenas uma parte de nossa natureza. A outra parte é nosso interesse pelos outros.

Essa é uma afirmação marcante e importante, em parte porque está sendo feita por ninguém menos do que Adam Smith. Considerando-se sua reputação popular, não é surpresa para ninguém quando ele fala sobre o fato de termos um interesse próprio natural, como o fez na citação central do capítulo anterior. Porém, a citação deste capítulo pode ser um tanto chocante para aqueles que estão acostumados a ver Smith como o padroeiro do interesse próprio. Fica claro, no entanto, que é Smith quem está dizendo isso, que não é uma frase que pode ser facilmente descartada ou considerada algo distante de suas preocupações reais. De fato, essa é a primeira frase de *Teoria dos Sentimentos Morais*, o que sugere um nível de importância para ele. Podemos considerar a questão da seguinte maneira: há uma tendência de que sejamos apresentados a Smith, atualmente, por meio de sua reputação popular como o campeão do interesse próprio. Ele mesmo, por outro lado, inicia seu livro sobre ética chamando a atenção para nosso interesse pelos outros. A lente pela qual Smith quer que vejamos sua vida moral é a de nosso interesse natural pelos outros, e não apenas a de nosso interesse próprio.

A afirmação de Smith também é marcante por um segundo motivo. Até aqui, descrevemos o que ele propõe como sendo um "interesse pelos outros" ou uma "preocupação pelos outros". Parece ser justo, considerando-se a linguagem que ele usa nesse caso. Ao mesmo tempo, esses termos deixam a desejar no sentido de que não capturam tudo o que o autor busca. Isso se dá, em parte, porque falar sobre "interesse" é algo impassível. Dizer que não temos apenas interesse próprio, mas também um "interesse" pelos outros é usar a linguagem das ciências sociais contemporâneas e seus debates clínicos sobre "egoísmo" e "altruísmo". Pois bem, o estudo científico social sobre egoísmo e altruísmo abriu espaço para muitos insights importantes, e longe de mim querer minimizar sua importância. Contudo, é importante enxergar que Smith está afirmando algo mais forte do que a maioria dos cientistas sociais desejam afirmar atualmente.[1] O ponto crucial levantado por Smith — seu ponto radical — não é simplesmente que temos um interesse altruísta natural pelos outros. É algo muito mais forte do que isso. O que a natureza de fato nos deu é um interesse pelos outros que é tão forte e tão poderoso que a "felicidade deles" é "necessária" para nós.

Essa é uma afirmação poderosa por diversos motivos. O primeiro e mais importante deles é que, quando Smith diz que a felicidade dos outros é "necessária" para nós, ele se esforça em derrubar as distinções que tendemos a fazer entre o indivíduo e a comunidade, entre o eu e a sociedade. Atualmente, tendemos a presumir que o eu e a sociedade são coisas distintas. Mas Smith luta contra isso. Em algum sentido profundo, todos nós, mesmo ao buscarmos perceber nossa individualidade, estamos ligados às pessoas a nosso redor de forma intrínseca. Isso traz importantes implicações sociais e políticas, é claro. Se a felicidade dos outros em nossas comunidades é realmente "necessária" para nós, então várias políticas familiares — e especialmente aquelas que privilegiam o bem-estar de um grupo ou uma classe à custa de outros — precisarão ser repensadas. Mas, por enquanto, o que importa é que Smith rejeita totalmente a ideia de que há algum tipo de relacionamento entre a minha felicidade e a sua que dê soma zero. Simplesmente não é o caso de eu poder ser totalmente feliz quando sei que você está totalmente infeliz. E isso, ele acredita, é verdadeiro até mesmo em relação às pessoas mais egocêntricas do mundo. "Por mais egoístas" que elas possam ser, são mais felizes quando as pessoas com as quais convivem estão mais felizes também.

A despeito de tudo isso, há outro motivo pelo qual essa afirmação de Smith é tão importante. E isso relaciona-se com suas implicações à questão principal que é foco neste livro. Mais uma vez, nosso foco é o desafio de viver a vida — concebida como uma unidade, que nos permita ver a ação unificadora e sintetizadora de todas as nossas partes diferentes.[2] Isso parece ótimo e válido. Mas, na linha introdutória do *Teoria dos Sentimentos Morais,* Smith deixa transparecer o grau de dificuldade que teremos. Isso porque temos, por natureza, duas partes que nos puxam em direções diferentes. Uma nos leva a cuidarmos de nós mesmos e de nossa própria felicidade, enquanto a outra nos leva a cuidarmos dos outros e de sua felicidade. Posteriormente neste livro, Smith voltará a esse assunto, dizendo-nos que "a grande divisão de nossos afetos é entre egoístas e benevolentes".[3] É uma observação simples. Mas essa "grande divisão" pode, de fato, ser um dos maiores desafios a serem enfrentados por nossos esforços em prol de vivermos uma vida unificada.

Afinal, se não estivéssemos divididos dessa maneira, a vida seria fácil. Se apenas cuidássemos de nós mesmos, sempre saberíamos o que fazer. Sem quaisquer outros sentimentos conflitantes para interporem-se no caminho, poderíamos seguir um caminho de interesse próprio ao longo da vida e esquecer-nos de todos os demais. Talvez essa não seja uma boa vida, mas, pelo menos, é uma vida consistente. Portanto, se, da mesma forma, apenas cuidássemos da felicidade e do bem-estar dos outros e nunca déssemos atenção a nós mesmos, poderíamos dedicar-nos incondicionalmente ao bem-estar e à felicidade dos outros. Então, nosso interesse próprio nunca se interporia ante nossa devoção para com nossos semelhantes. Mas a verdade é que nenhum desses caminhos estará livre para nós se realmente esperamos fazer justiça em relação a ambos os aspectos de nossa natureza. A menos que estejamos prontos para sacrificar metade daquilo que a natureza nos levou a ser — e suspeito que a maioria de nós não está —, teremos que encontrar uma forma de vida que nos permita concretizar ambos os lados de nossa natureza, nossa preocupação individual e nossa preocupação pelos outros.

3

✳

"O homem foi criado para a ação e para promover, pelo exercício de suas faculdades, as modificações nas circunstâncias externas, próprias e alheias, que lhe pareçam mais favoráveis à felicidade de todos."

Ou: não fomos feitos simplesmente para nos interessarmos pelos outros, mas também para agirmos por eles.

Essa frase sempre me pareceu ser a mais surpreendente e importante em todos os escritos de Adam Smith. Ela sustenta uma afirmação muito ousada, algo que nunca esperaríamos se conhecêssemos Smith apenas como o campeão de algum tipo de capitalismo caricaturado, construído sobre o egoísmo. Sua asserção, dito de maneira simples, trata da natureza humana. Mais especificamente, de que fomos feitos para agir pelos outros, assim como por nós mesmos. Claramente, é algo com que nosso amigo Gordon Gekko nunca conseguiria concordar. No entanto, para vermos as implicações disso além de suas ideias, será necessário dividir a questão em diversas partes.

Em primeiro lugar, a questão levantada por Smith baseia-se em uma distinção específica e explícita, qual seja, a diferença entre o sentimento pelos outros e a ação pelos outros. Smith, pelo que parece, não tem praticamente nada de bom a dizer a respeito do tipo de pessoa que minimamente sente algo pelos outros — o tipo de pessoa que gosta de professar (e geralmente o faz em voz muito alta) suas "boas inclinações e desejos bondosos", estando sujeito a "imaginar-se como o amigo da humanidade, pois em seu coração, ele deseja o bem". Para Smith, bons desejos não contam muito, a menos que sejam seguidos pelo grande esforço necessário em prol da realização dos objetos de nossos desejos. É fácil demais para esse tipo de pessoa sentir-se bem consigo mesma apenas porque sente-se mal pelos outros. Porém, a crença de Smith é que não há nada a ser admirado nessa situação. O que realmente merece nosso louvor e nossa admiração não são os sentimentos calorosos que temos particular ou passivamente, mas, sim, a "ação" e o "exercício" que demandam esforço e energia. E Smith não nos deixa dúvidas de que o trabalho será difícil, dizendo-nos, na linha seguinte, que aquele que quiser viver esses princípios terá que "invocar todo o vigor de sua alma" e "tensionar cada nervo". Viver esse tipo de vida não é para os fracos.

Pois bem, muito pode ser dito sobre a distinção que Smith faz entre sentimento e ação nesse caso. Um filósofo com certo conhecimento em latim pode vir a descrever essa diferença como benevolência e beneficência. Porém, para nós, o que mais importa nessa distinção entre a mera boa vontade e a realização factual de boas ações é como o fato leva Smith a fazer uma asserção muito mais forte sobre a natureza humana do que vimos até agora. No capítulo anterior, pudemos vê-lo sustentar que temos um "interesse" natural pela felicidade dos outros. Mas aqui, ele sugere que a natureza concedeu-nos algo consideravelmente mais forte do que um "interesse" objetivo pelo bem-estar dos outros. Nosso interesse pelos outros é algo maior do que um mero sentimento caloroso. É, até mesmo, algo que vai além de um altruísmo nobre e idealista. Essas disposições são passivas. Em contrapartida, Smith acredita que nossa preocupação natural pelos outros é ativa — o tipo de coisa que nos motiva e molda nossas ações e, em última instância, como vivemos.

Outro elemento essencial de sua afirmação trata do objetivo dessa ação. Seu objetivo, como expõe Smith, é promover "modificações nas circunstâncias externas, próprias e alheias". Ele não enuncia toda sua intenção aqui quando menciona as mudanças nas circunstâncias externas. Porém, nos deixa algumas pistas. Primeiramente, ao referenciar as "circunstâncias externas", ele sugere que o foco de nossa atenção aos outros é o bem-estar deles. Quer dizer, quando agimos para com eles, não estamos tentando adentrar suas mentes. Não estamos buscando mudar suas ideias, convencê-los a adotar valores distintos ou, ainda, a verem a luz. Pelo contrário, estamos tentando fazer o que está a nosso alcance, de modo a trazer certo alívio à sua condição atual — talvez ao fazermos o que pudermos para diminuir os tipos de dores que a pobreza, a doença ou a tristeza podem causar. Além disso, as pessoas às quais estamos tentando trazer alívio não estão do outro lado do mundo, mas a nosso redor — ou seja, são nossos próximos, vizinhos, pessoas com as quais convivemos e cujas vidas podem ser diretamente ajudadas (e até prejudicadas) por nossa ação direta.

De qualquer maneira, nossa missão é garantir que, independentemente do que façamos, devemos agir de tal modo que promovamos aquelas mudanças que são as "mais favoráveis à felicidade de todos". Isso é importante. A afirmação aqui é que, conforme agimos, precisamos certificar-nos de que nossas ações não promovam o bem-estar de apenas um grupo ou indivíduo específico (incluindo a nós mesmos) às custas do bem-estar de outros grupos e indivíduos (incluindo a nós mesmos). Isso fica especialmente claro no lembrete explícito deixado por Smith de que o ser humano é feito para promover as circunstâncias externas "próprias e alheias". Dito de outro modo, não fomos feitos simplesmente para nos sacrificarmos pelos outros, muito menos para sacrificar os interesses dos outros pelos nossos. Nem o altruísmo perfeito, tampouco o egoísmo perfeito são adequados a nós (nem mesmo possíveis), considerando-se a forma pela qual fomos feitos. Nosso chamado, portanto, é para agirmos de modo que façamos justiça a pedidos legítimos — tanto nossos como dos outros. Novamente, encontrar o equilíbrio exato entre esses interesses potencialmente concorrentes é o cerne do projeto de viver uma boa vida.

Em terceiro lugar, por fim, Smith levanta uma questão notável sobre a forma pela qual fomos feitos. Apresentei isso há pouco, ao dizer que Smith trazia uma questão sobre a natureza humana. No entanto, essa colocação não captura a força total daquilo que ele busca. É muito fácil dizer que temos certas disposições inatas, que paixões e instintos são parte de nossa "natureza". Porém, ele está levantando uma questão ainda mais marcante aqui: que, de fato, fomos "feitos para" algo. De tudo o que poderia ser dito a respeito disso, o mínimo que podemos dizer é que, para Smith, somos criaturas feitas para um propósito, e esse propósito não é satisfazer nossas necessidades e vontades pessoais.

4

———— ＊ ————

"Parece ser de imensa importância, na imaginação
dos homens, permanecer na situação que mais os coloca à
vista da simpatia e atenção gerais."

*Ou: nossas necessidades corporais dificilmente esgotam nossos
desejos,e acima de tudo queremos atenção.*

Somos naturalmente interessados tanto em nós mesmos como nos outros
— disso já sabemos. Mas o que exatamente as pessoas com interesse próprio querem? No primeiro capítulo, vimos que, acima de tudo, seres com interesse próprio natural, como nós, buscam satisfazer suas necessidades corporais. Porém, fica claro que temos desejos que vão além dessas necessidades. E um desses desejos — talvez o mais importante deles — é aquele que Smith descreve aqui, nosso desejo por "simpatia e atenção".

Portanto, o que são, então, a "simpatia" e a "atenção"? A simpatia revela-se como um dos conceitos mais importantes do livro *Teoria dos Sentimentos Morais*. Mas, para Smith, a simpatia tem um significado preciso e um tanto quanto único, e seria necessário um estudo específico sobre o tema para fazermos justiça completa ao assunto. Para nossos propósitos neste livro, no entanto, é suficiente dizer que Smith considera a simpatia uma disposição inata que nos leva a desejar e buscar aquilo que ele chama de "solidariedade" para com os outros. E esse desejo pela simpatia impulsiona-nos sempre, acredita Smith, a tentar nos colocar "na situação de outro homem, como se a contemplássemos com seus olhos e de seu ponto de vista".[1] Isso torna a simpatia fundamental à visão social e política de Smith. O fato também sugere um caminho por meio do qual essa visão social e política pode valer nosso engajamento hoje, vivendo tal qual o fazemos em uma época em que parece estarmos ainda menos predispostos, em nossos debates culturais e políticos, a nos esforçarmos para tentarmos ver o mundo sob a perspectiva e pelos olhos daqueles de quem discordamos.

Contudo, por mais importante que isso seja, quero deixar esse aspecto sobre a simpatia guardado aqui e concentrar-me em outro aspecto mais central para nosso foco em viver a vida. Para Smith, a simpatia também é um bem, algo que naturalmente esperamos receber dos outros. Quer dizer, não é apenas natural que demonstremos simpatia pelos outros, também é natural que desejemos que os outros façam o mesmo por nós. Esse aspecto da simpatia pode ser captado bem por outro conceito unido por Smith: a "atenção". Pois bem, quando usa a palavra "atenção", em sua mente ele pensa em algo que não é tão diferente do que os filósofos contemporâneos pensam ao falarem de "reconhecimento". No entanto, gostaria de permanecer com a palavra "atenção", pois é a palavra usada pelo próprio Smith e, também, porque a atenção é um conceito mais ou menos familiar a todos nós. O que Smith descreve, nesse caso, é o simples fato de que queremos que as outras pessoas "prestem atenção" em nós, que nos percebam e olhem para nós. Gostamos de sentir seus olhos em nós e, por esse motivo, estamos ávidos a ocupar o espaço que nos permite estar, nas palavras de Smith, "mais [...] à vista" dos outros.

Parece-me que Smith captura algo profundamente certo sobre nós e sobre o mundo. As pessoas gostam de ser o centro das atenções, agora mais do que nunca. Sim, é claro, os cidadãos das pólis da Grécia antiga e da Roma antiga competiam por atenção. A luta pela glória, pelo reconhecimento e pela superioridade era fundamental para as culturas antigas da honra, e estende-se por todo o percurso que chega à obsessão pela grandeza e pelo esplendor que definiu as cortes reais no início da Europa moderna, que tanto fascinaram Smith.[2] No entanto, algo mudou na época de Smith, e essa mudança é o que definiu nosso mundo atual. Em parte, é que a glória e a honra costumavam ser a província da elite. No entanto, a atenção descrita por Smith é um fenômeno muito democrático, o tipo de coisa que todos querem. E, até certo ponto, é também o tipo de coisa que, atualmente, todos podem ter. Todo o fenômeno das mídias sociais — possivelmente o fenômeno que define nossa época — é impulsionado por esse desejo por atenção. No fundo do meu ser, gostaria de acreditar que o propósito das mídias sociais é promover a conectividade humana e compartilhar conteúdos significativos. Mas, no fim, acabo suspeitando que é a sedução dos seguidores e "likes" que leva a maioria das pessoas a publicarem nas redes: as quantidades mensuráveis da própria "atenção" que Smith sabia ser de "imensa importância" para nós.

Tudo isso suscita algumas perguntas, como: O que exatamente devemos fazer com esse desejo por atenção? Isso é algo bom ou ruim? Smith não assume nenhum julgamento desse tipo. A essa altura, ele sequer está interessado em celebrar ou punir o fato, em salientar seus bons efeitos ou lamentar os ruins. Ele o fará depois, certamente. Aqui, ele apenas percebe o fenômeno. Bom empirista que é, seus estudos o levaram a ver algo, a surpreender-se pelo nível de importância que o desejo por atenção "aparenta ter" para muitas pessoas.

Outra pergunta diz respeito à origem desse interesse pela atenção. Smith diz algo interessante quanto a isso. Aqui, ele não afirma, como fez com relação a nosso interesse em preservar nossa saúde corporal, que esse interesse pela atenção nos foi concedido pela "natureza". Pelo contrário, ele diz que nosso interesse pela atenção dada pelos outros origina-se em nossa "imaginação". É necessário refletirmos sobre isso. O que ele quer dizer quando afirma que nossa imaginação nos leva a querer algo? No mínimo, Smith está sinalizando que nosso desejo por atenção origina-se em um lugar muito diferente do que nossos desejos por saúde e autopreservação. Enquanto nossos desejos por esses bens básicos são incitados pela necessidade de nosso corpo, nosso desejo por esse novo bem tem suas origens em nossa imaginação.

Esse fato tem uma implicação importante. Os desejos de nosso corpo têm certos limites. Para permanecermos vivos, precisamos de determinada quantidade de alimento. Mas, após certo ponto, não ganharemos nada — e até pior, seremos prejudicados — se nos alimentarmos em excesso. O corpo tem seus limites. A imaginação, por outro lado, é basicamente ilimitada. Entre suas outras características únicas, a imaginação pode transcender limites físicos, podendo mover-se sem precisar considerar os limites do tempo e do espaço. Isso nos permite fazer certas coisas que nenhuma outra parte de nós pode fazer. Portanto, embora seja muito fácil determinar a quantidade necessária de alimento para conservarmos a vida, não é nada fácil determinar a quantidade de atenção que necessitamos para sermos felizes. As calorias podem ser contadas, assim como o número de seguidores no Twitter. Porém, não é tão fácil dizer — com as devidas escusas a Tolstoy — de quantos seguidores no Twitter uma pessoa precisa.

Uma última questão sobre a imaginação. Em nosso idioma, descrevemos as coisas provenientes da imaginação como "imaginárias". Nosso desejo por atenção origina-se na imaginação. Portanto, podemos dizer que a atenção é uma coisa "imaginária"? Estaríamos errados em dar o assunto por encerrado tão rápido assim. No entanto, colocar a questão dessa forma nos impele a fazer diversas outras perguntas a nós mesmos, às quais precisamos responder conforme progredimos ao viver a vida, mais precisamente: Precisamos, mesmo, da atenção dos outros para vivermos bem? Seria essa atenção dos outros, cujo desejo nasce em nossa imaginação, realmente necessária para nós com a mesma magnitude que a saúde nos é? Ou talvez seria algo do que poderíamos abrir mão totalmente? Haveria, ainda, algum tipo de meio-termo? Há alguns tipos de atenção que são melhores, e ainda melhores para nós, do que outros? Todas essas perguntas precisam de respostas antes de conseguirmos saber até onde devemos ir em busca de nosso interesse próprio.

5

*

"A que benefícios aspiramos com esse grande propósito da vida humana a que chamamos melhorar nossa condição? Ser notado, servido, tratado com simpatia, complacência e aprovação, são todos os benefícios a que podemos aspirar."

Ou: para obter a atenção que imaginamos querer, lutamos para ganhar dinheiro e crescer em status.

Nosso corpo precisa de bens físicos, mas nossa imaginação quer mais. Ela nos leva a desejarmos atenção. Porém, como conseguir essa atenção? Qual é o tipo de coisas que precisamos fazer se queremos que as outras pessoas prestem atenção em nós? É o que Smith nos diz nessa citação. Para sermos "notados" e "servidos" é que buscamos "melhorar nossa condição".

Então o que significa "melhorar nossa condição"? Em sua principal obra sobre o assunto, *A Riqueza das Nações*, Smith explica que "um aumento de fortuna é o meio pelo qual a maior parte das pessoas se propõe e deseja melhorar sua condição".[1] A questão é suficientemente clara: a maioria das pessoas em busca de atenção tentará obtê-la ganhando dinheiro. Elas presumem que o tipo de "condição" que importa é o status social — e não, digamos, a condição de nosso corpo, mente ou alma. E elas presumem que a melhor maneira de melhorar esse tipo de condição é ganhando dinheiro e ficando rico. Na verdade, de acordo com Smith, podem não haver muito mais coisas à ambição de enriquecer do que esse desejo por atenção e mais status. "O homem rico jacta-se de sua riqueza", expõe ele, "porque sente que naturalmente isso traz sobre si a atenção do mundo".[2]

Veja bem, é uma afirmação e tanto. Provavelmente todos podemos imaginar diversos motivos pelos quais as pessoas possam querer enriquecer. Talvez gostem de coisas caras que o dinheiro pode comprar. Pode ser que queiram dar às suas famílias a segurança proporcionada pela riqueza. Ou, ainda, busquem o lazer que uma aposentadoria precoce proporciona. Porém, não é disso que Smith fala, pelo menos não aqui. Sua afirmação é que queremos ficar ricos para que os outros prestem atenção em nós — que "é sobretudo por considerarmos os sentimentos da humanidade que perseguimos a riqueza e evitamos a pobreza".[3]

Essa é uma ideia central de Smith, à qual ele retornará quando nos relembrar de que a "única vantagem" da riqueza e da grandeza é que elas satisfazem nosso "amor à distinção".[4] Mas por que ele considera isso tão importante? Talvez por dois motivos muito diferentes e, possivelmente, compatíveis. Por um lado, há uma faceta muito encorajadora nisso tudo. Smith nos informou que queremos atenção. Então, ele nos disse que a melhor forma de obter atenção é buscando a riqueza. Caso isso esteja correto, não seria totalmente irracional de nossa parte pensar que somos muito afortunados em viver em um mundo comercial, que nos concede inúmeras oportunidades para fazermos o que for necessário para obtermos o que queremos.

Esse aspecto da afirmação é ainda mais significativo quando percebemos que não são apenas os mais ricos dos ricos — o notório 1% — que se beneficiam da vida nesse mundo. Na verdade, um mundo que tira as pessoas da pobreza e as coloca até mesmo em níveis moderados de opulência constitui um mundo que traz a satisfação do reconhecimento para muito mais pessoas do que apenas a elite. Embora talvez você não saiba disso, por causa da reputação de Smith, mas ele ficava profundamente perturbado com a situação difícil dos pobres. De fato, a maior parte de sua defesa em prol de uma sociedade de mercado livre repousa sobre os benefícios que, ele acredita, ela pode trazer para os pobres. Uma parcela dos fatores que o perturbavam sobre a pobreza diz respeito a como os pobres são tratados, um tratamento descrito por ele vividamente na seção da qual a citação deste capítulo foi retirada. Ele explica que a pobreza coloca o pobre "fora da vista das pessoas" — ele é "negligenciado" e forçado a "viver em obscuridade", uma vez que os mais abastados "desviam dele os olhos".

Nesse ponto, Smith capta muito bem um fenômeno bastante comum: que os ricos são geralmente venerados, enquanto os pobres são deliberadamente neglicenciados. Ao apresentarmos a questão dessa maneira, fica claro que há muito em jogo nessa conexão entre a riqueza e a atenção. A ideia de Smith é que há muito mais envolvido nesse fenômeno do que o fato de que pessoas superficiais gostam quando outras pessoas ficam olhando suas Ferraris nos semáforos. Porque, se ao pobre é negado o reconhecimento e a respeitabilidade que até uma riqueza de classe média proporciona, então não podemos fazer outra coisa senão abrir os braços a um mundo que estende ao maior número possível de pessoas uma oportunidade de melhorar suas condições e, desse modo, desfrutar do respeito e do reconhecimento essenciais para uma vida digna.

Pensar na possibilidade de esse mundo ser realmente o nosso mundo — se atualmente os mais pobres entre nós têm, de fato, oportunidades suficientes para melhorar suas condições — é totalmente necessário. Porém, para nossos objetivos neste livro, a questão principal é que Smith valorizava a sociedade comercial, acima de tudo, por sua capacidade de aliviar a pobreza e trazer dignidade para a vida dos menos abastados. No entanto, ao mesmo tempo, ele estava bastante ciente de que há um lado mais sombrio disso tudo. E esse lado fica evidente principalmente ao considerarmos o que a conexão entre a riqueza e a atenção pode significar em nossos esforços de vivermos a vida.

Resumindo, Smith compreendeu que a riqueza compra a atenção. Entretanto, ele também entendeu que a atenção comprada pela riqueza tem um custo próprio. Em especial, ela geralmente vem à custa de outros bens no mínimo tão importantes quanto ela — bens que são, talvez, ainda mais importantes do que a atenção para aquelas pessoas que, conscientemente, tentam viver a vida da melhor maneira possível. Com efeito, esse é um grande tema na obra de Smith. Porém, podemos apresentá-lo aqui voltando-se para algo que ele disse há pouco. Como vimos, Smith diz que "a riqueza e a grandeza" são valorizadas, pois satisfazem nosso "amor à distinção". No entanto, na mesma página ele também diz que "riqueza e honra são meros enfeites frívolos em nada mais capazes de propiciar alívio ao corpo e tranquilidade ao espírito do que os estojos dos aficionados por bugigangas e que, como elas, são um fardo mais pesado para quem as carrega". Faz-se necessária uma reflexão sobre isso. A riqueza nos proporciona aquilo que nossas imaginações querem. Mas ela não nos propicia o "alívio" pretendido por nosso corpo. E, isso estando certo, pareceria que a vida comercial nos permite ter um pouco do que precisamos e queremos, mas certamente não tudo.

6

---✲---

"Ao que parece, a grande fonte da miséria e ainda das perturbações da vida humana se origina de se superestimar a diferença entre uma situação permanente e outra."

Ou: a infelicidade reside no fato de supervalorizarmos o que não temos e subvalorizarmos o que temos.

No capítulo 5, vimos que melhorar nossa condição pode nos propiciar parte do que precisamos e queremos, mas não tudo. A ação tem êxito ao nos trazer atenção, mas falha ao deixar de nos conceder o alívio do corpo e a tranquilidade da mente. Mas e se, no fim das contas, as coisas forem ainda piores? Se, no afã de melhorar nossa condição, não estivermos apenas fazendo uma troca de um bem por outros, mas, de fato, nos privando da possibilidade de alguma vez usufruir desses outros bens?

Smith consegue fazer essa sugestão na citação acima. Como vimos, ele acredita que a razão pela qual lutamos para melhorar nossa condição — por que trabalhamos tanto para aumentar nosso salário e subir nossa posição social — é pelo fato de acreditarmos que, ao fazer isso, receberemos a atenção que achamos que nos deixará felizes. Mas agora parece que não é a felicidade e a realização que nos esperam no final desse caminho; muito pelo contrário — "miséria" e "perturbações"!

Mas que diabos poderia Smith querer dizer com isso? Para compreendermos esse assunto, precisamos ver que ele levanta, na verdade, duas questões. A primeira trata de nossa propensão a supervalorizar — ou, nas palavras de Smith, "superestimar" — bens que não possuímos no momento. Isso acaba tornando-se outro fenômeno eminentemente familiar. Qualquer um que alguma vez tenha esbanjado algo alegremente, só para se encontrar entediado alguns meses (semanas, dias ou horas) depois, sabe muito bem disso. Os economistas, atualmente, gostam de usar o exemplo dos ganhadores da loteria.[1] O que acontece é que as pessoas que compram os bilhetes de loteria, sonhando que uma grande vitória mudará sua vida para melhor, muitas vezes descobrem que, na verdade, o prêmio trouxe perturbações para sua vida, quase sempre deixando-a menos feliz do que era antes. Smith, no entanto, sabia de tudo isso já em 1759. "A avareza superestima a diferença entre a pobreza e a riqueza", escreve ele, "a ambição, a diferença entre condição pública e privada; a vanglória, entre obscuridade e grande fama".[2] Até agora, temos sido levados a crer que há, de fato, uma grande diferença entre pobreza e opulência, entre obscuridade e reconhecimento. Mas, talvez, Smith esteja sugerindo aqui que não há uma grande diferença entre essas coisas como podemos estar inclinados a pensar quando estamos imersos em nossas esperanças e em nossos sonhos para o futuro.

Mas superestimar o valor de um estado futuro imaginado é apenas parte do problema. A outra parte é nossa propensão a subvalorizar nosso estado atual. Isso também nos é familiar. É relativamente raro encontrar uma pessoa que consistentemente separa um tempo diariamente para contar todas as coisas boas e expressar sua gratidão por tantos presentes que todos somos afortunados por ter. Porque o fato é que mesmo as pessoas mais comuns entre nós têm mais ou menos tudo de que precisam para serem felizes como poderiam desejar. Smith é bastante claro a respeito disso, apontando, na mesma página em que está a citação deste capítulo, que "em todas as situações ordinárias da vida humana, um espírito bem-disposto pode ser igualmente calmo, igualmente alegre e igualmente satisfeito".[3] Ele desenvolve a ideia de forma ainda mais contundente na página seguinte, contrastando a "fulgurante e grandiosa situação" de nossas esperanças e nossos sonhos com "nossa humilde posição real". Sua ideia aqui é que apenas nessa segunda situação encontraremos "nossa felicidade real", pois "os prazeres da vaidade e superioridade raramente são consistentes com a perfeita tranquilidade, princípio e fundamento de todo o prazer real e satisfatório".[4]

Smith deixa essa lição muito clara com uma parábola especialmente memorável que deixou uma profunda impressão em muitos leitores do livro *Teoria dos Sentimentos Morais*. Na quarta parte do livro, ele apresenta um conto de fundo moral sobre o "filho do homem pobre, a quem o céu, na sua ira, castigou com a ambição". Esse jovem "admira a condição dos ricos tão logo começa a olhar a seu redor". Ele passa, então, a imaginar como seria se tivesse o que eles têm e, consequentemente, fica "encantado com a remota ideia dessa felicidade". E isso, por sua vez, incita-o a fazer o necessário para obter a riqueza e, assim, "consagra-se a perseguir para sempre riqueza e honra". O resultado é previsível para qualquer um que esteja acompanhando o raciocínio de Smith até aqui. Ao trabalhar intensamente para progredir, o jovem submete-se "às maiores fadigas corporais e à maior perturbação do espírito" do que conheceria se não tivesse sido um escravo de sua ambição. Ao perseguir a ideia de uma felicidade futura "que talvez jamais alcance", ele "sacrifica uma tranquilidade verdadeira que a todo o tempo está a seu dispor". E, em seu leito de morte, tudo o que pode fazer é amaldiçoar sua ambição e lamentar todos aqueles prazeres renunciados que ele "totalmente sacrificou por algo que, quando o possui, já não pode lhe proporcionar uma satisfação verdadeira".[5]

É algo desafiador. Certamente, deve ter sido igualmente desafiador para os alunos de Smith em Glasgow, que o ouviram apresentar as primeiras versões de seu livro nas aulas de filosofia. E, ainda, é um material desafiador para meus alunos atualmente. Quando lemos esses trechos, eles também se pegam imaginando se as notáveis quantidades de tempo e energia que se sentem compelidos a investir em seus esforços de progredirem — estudando, trabalhando, fazendo estágios, conhecendo novas pessoas, fazendo cursos extras — valerá a pena para eles no fim das contas. É uma reação natural, que aparentemente Smith está tentando causar em nós ao contar a história dessa forma. Mas que lição ele acha que vamos aprender com isso tudo? Como realmente deveríamos viver nossa vida, uma vez que percebemos que a "atenção" pode não ser tão boa para nós como nossa imaginação projetou?

Acredito que seria errado tirar a conclusão disso tudo que o objetivo de Smith, nesse caso, é simplesmente convencer-nos a abandonar a corrida dos ratos e desistir totalmente da tentativa de melhorar nossa condição. Ele era um economista bom demais para achar que isso traria qualquer vantagem para a sociedade. Afinal, o crescimento econômico que possibilita tanto a opulência quanto o alívio da pobreza depende de nossas ações em prol de nosso desejo natural de melhorar nossa condição. Ao mesmo tempo, Smith deixa claro seu desejo de que comecemos a pensar sobre como nossos esforços para melhorar nossa condição podem afetar nossa felicidade individual, assim como a riqueza agregada de nossa sociedade. A lição do filho do homem pobre é que seu modo específico de tentar melhorar sua condição é boa para a sociedade, mas ruim para sua felicidade. Porém, colocar as coisas dessa forma pode nos fazer questionar: há outras formas pelas quais podemos melhorar nossa condição — que possam ser boas tanto para a sociedade *como* para nós mesmos?

E caso haja, quais são elas?

7

✳

"A felicidade e a infelicidade, que residem totalmente no espírito, devem necessariamente depender mais da condição saudável ou doente, do estado mental mutilado ou íntegro, do que da do corpo."

Ou: a felicidade vem de dentro e, especificamente, da mente saudável.

Adam Smith, como sabemos, escreveu dois livros, um sobre ética e outro sobre economia. Dado nosso interesse na questão sobre o que significa viver a vida, nossa ênfase principal neste livro é, naturalmente, na obra *Teoria dos Sentimentos Morais*, e não em *A Riqueza das Nações*. Porém, seria peculiar se *A Riqueza das Nações* não tivesse nada a oferecer quanto a viver a vida — visto que o livro foi escrito pelo mesmo autor (sem mencionar que tem mais de mil páginas). Sendo assim, o que a mencionada obra tem a dizer quanto à nossa pergunta, se é que tem algo a dizer?

Na realidade, ela tem muito a contribuir. Esse fato por si só já é relevante. Por muito tempo, *Teoria dos Sentimentos Morais* e *A Riqueza das Nações* eram vistos com não tendo quase nenhuma relação entre si. Um livro, diziam, fala sobre a simpatia, enquanto o outro trata do interesse próprio. Isso fez com que muito fosse escrito a respeito de algo denominado por um grupo de acadêmicos alemães como *Das Adam Smith Problem*: o problema de como (e se) os dois livros conversam entre si. Atualmente, os acadêmicos em geral não veem isso como um problema, uma vez que estão cientes das similaridades entre as duas obras. No entanto, neste capítulo, destaco outra semelhança, relacionada a um insight essencial que *A Riqueza das Nações* tem a oferecer quanto aos desafios de viver bem a vida.

Esse insight, dito de forma simples e usando os termos da citação deste capítulo, é que a felicidade se dá menos do resultado de nossas condições físicas do que de nossas condições psicológicas. Esse insight acaba sendo essencial à ideia de felicidade desenvolvida por Smith em *Teoria dos Sentimentos Morais*, e nos capítulos que se seguem, exploraremos em detalhes sua ideia de que consiste uma mente feliz. Por ora, no entanto, precisamos dizer uma palavra ou duas sobre como exatamente essa ideia tem qualquer relação com a economia de Smith, visto que estamos falando de *A Riqueza das Nações*. Pois digo que aqui a ideia começa a ficar interessante; que a felicidade seja algo da mente, e não do corpo, não é uma ideia revolucionária, afinal. Os estoicos defenderam isso milhares de anos atrás, e especialistas em *mindfulness* continuam com essa ênfase atualmente. Porém, o que torna a invocação dessa ideia feita por Smith tão digna de nota é sua compreensão das implicações para nossa vida em termos de economia.

Smith destaca duas delas especificamente. A primeira é que ele sabe, e certamente de maneiras que geralmente não percebemos hoje, que as coisas que promovem conforto físico e corporal simplesmente não são suficientes para se atingir a felicidade. É certo que agimos com frequência, atualmente, como se essas coisas — às vezes denominadas "mordomias" — fossem fontes de felicidade. Por exemplo, há muitos anos sou assinante do *Wall Street Journal* e, quando chega a edição do fim de semana, vou direto à minha seção favorita: não é "Negócios e Investimentos" (que não é meu forte), nem mesmo "Resumo da Semana" (que quase sempre leio e é excelente), mas, sim, "Lazer", que fala sobre as últimas tendências da moda, lugares para passar as férias, vinhos e bugigangas em geral. Pois bem, não sou especialista em tecnologia, sei muito pouco sobre moda e não tenho uma adega com vinhos chiques. Porém, adoro a seção "Lazer", em parte porque me dá assunto para conversar em festas, mas principalmente porque me oferece uma janela sem igual, mostrando como as sociedades economicamente avançadas vislumbram os apetrechos de uma boa vida.

Qual teria sido a opinião de Smith sobre a seção "Lazer"? Certamente, não lhe surpreenderia que uma cultura opulenta ficasse tão intrigada por essas coisas. Ele mesmo (e, de fato, ao longo da história do filho do homem pobre que vimos no último capítulo) chama a atenção para as formas pelas quais os aspirantes à boa vida nas sociedades comerciais geralmente ficam encantados pelo que ele chama (pejorativamente) de "miudezas e bugigangas".[1] Contudo, o que Smith, um dos pais fundadores do capitalismo, sabia muito bem — e que nós, seus herdeiros, geralmente nos esquecemos — é que mesmo se essas miudezas e bugigangas puderem nos trazer prazer e conforto, a felicidade é algo inteiramente diferente do prazer e do conforto. Isso explica parcialmente seu interesse pela ideia de que é a mente, e não o corpo, que determina nossa felicidade.

O insight de Smith quanto à diferença entre o corpo e a mente também tem uma segunda implicação para sua economia. O contexto da citação deste capítulo é um debate sobre a educação no Livro Quinto de *A Riqueza das Nações*. Isso é importante, pois no Livro Quinto ele desenvolve um argumento que tende a surpreender os leitores daquela obra que estão familiarizados apenas com o Livro Primeiro e suas histórias sobre a fábrica de alfinetes, o açougueiro, o cervejeiro e o padeiro (temas aos quais voltaremos logo mais). Essas histórias do Livro Primeiro são o palco onde Smith desenvolve suas famosas afirmações sobre a produtividade superior possibilitada pelo trabalho dividido e especializado: possivelmente a essência de toda sua defesa da sociedade comercial.[2] No entanto, no Livro Quinto, ele deixa claro que há um custo humano para todo esse crescimento econômico. Pois, quando trabalhadores especializados de fábricas passam todos os dias fazendo uma única tarefa repetidas vezes, eles não apenas a realizam de forma melhorada (o que é bom para a produtividade, é claro), mas também ficam entendiados. E o termo "entendiado" nem começa a captar o nível de gravidade da situação; ao descrever o estado mental desses trabalhadores, Smith faz uso de uma linguagem muito mais forte: palavras como "mutilado", "deformado", "entorpecido" e "desprezível".[3]

Daí temos o paradoxo de Smith: a divisão do trabalho traz opulência material, mas também mutilação mental. O que, então, deveríamos fazer a respeito disso? Smith responde, dizendo que isso merece "a mais dedicada atenção do governo" e que a única coisa que pode remediar tal situação é um sistema de educação custeado parcialmente.[4] Isso já é bastante surpreendente, vindo de Smith; ao considerarmos sua reputação popular, a maioria das pessoas atualmente esperaria que ele ficasse do lado das escolas autônomas e dos vouchers educacionais. Nem de perto essas são as únicas instituições recomendadas por ele.[5] Mas o que importa para nossos objetivos é que essa solução institucional ao problema de restaurar o estado de espírito "saudável" e "íntegro" — a solução por ele enfatizada em *A Riqueza das Nações* — é apenas uma parte de sua resposta. Como ele bem sabia, não há nada mais que as escolas e instituições possam fazer. O que também se faz necessário, e que pode ser o mais importante no final, é que reorientemos nosso pensamento de tal modo que passemos a ver nosso mundo e nossas atividades sob uma nova luz. Em especial, precisamos repensar do que nossas mentes realmente precisam, uma vez que elas têm de ser conservadas em seu "estado saudável e íntegro", junto a noção de como exatamente as atividades de nossa vida podem nos aproximar — ou afastar — desse objetivo.

8

✳

"A felicidade consiste na tranquilidade e prazer.
Sem tranquilidade não há prazer, e quando há perfeita
tranquilidade dificilmente algo não diverte."

Ou: se quero ser feliz, primeiro devo estar em paz comigo mesmo.

A vida é corrida atualmente. Essa correria realmente parece definir nossas vidas. Sempre correndo e com pressa, deparamo-nos com forças nos puxando constantemente em direções distintas e com nosso estado de receio em dar uma pausa, para que não fiquemos eternamente para trás. Ao mesmo tempo, e sem qualquer ironia, também dizemos que tudo o que queremos é ser feliz. Por que corremos tanto para fazer o que fazemos? Porque, respondemos, é o que precisamos fazer, de modo a conseguir aquilo que nos fará felizes. No entanto, essa nossa lógica estranha sugere que, coletivamente, não compreendemos a lição com a história do filho do homem pobre, apresentada no capítulo 6. Isso porque a correria pode ser qualquer outra coisa menos a chave para a felicidade. Na verdade, Smith a considera o oposto da felicidade, pois a "felicidade consiste na tranquilidade e prazer".

Aqui temos outra daquelas instâncias em que, nos escritos de Smith, há algo ao mesmo tempo óbvio e latente. A parte óbvia é que toda a correria diária não nos faz bem. Temos a esperança de que nos faça bem, pois esperamos que ela nos conceda o que pensamos ser necessário para a felicidade.

Mas, na verdade, Smith nos teria dito, a real felicidade não está em obtermos alguma coisa específica, mas em sermos alguma coisa específica, em nos controlarmos de forma específica.

Isso exige que, em primeira instância, façamos menos. Quando tentamos realizar coisas demais, tornamo-nos desgraçados. Smith é explícito em relação a isso, insistindo que a maioria dos infortúnios do homem "se deveram a não saberem quando estavam bem, quando era adequado ficarem quietos e satisfeitos".[1] Todo esse esforço insensato para melhorar nossa condição raramente nos traz o que esperamos e, geralmente, apenas serve para nos tornar desgraçados ao exercer essa tentativa. Talvez exagerando seu caso, Smith chega mesmo a dizer que "no conforto do corpo e na paz de espírito, todas as diferentes posições da vida estão quase no mesmo nível, e o mendigo que se aquece ao Sol junto da estrada possui a segurança por que se batem os reis".[2]

Suspeito que o objetivo de Smith, ao escrever isso, não era tentar convencer seus leitores a se dedicarem a uma vida de mendigagem. Considerando o que ele disse sobre a pobreza, essa opção não seria um caminho muito promissor para a felicidade. Mas realmente parece que ele tenta nos convencer a diminuir um pouco o ritmo — aprender a "ficarmos quietos", como ele diz, e aproveitarmos um pouco do Sol que brilha sobre o mendigo, e não ficarmos enfurnados em escritórios. E essa, suspeito, é uma mensagem que cai bem para muitos de nós. No meio de toda a correria atual — e talvez mesmo por causa dessa correria —, parece que as pessoas estão dedicando-se novamente ao projeto de redescobrimento da tranquilidade. Uma amiga minha programou o alarme de seu iPhone para tocar a cada meia hora, para lembrá-la de usufruir de um "minuto de *mindfulness*". E podemos ver em todos os lugares instituições totalmente dedicadas a nos ajudarem a reconquistar nosso equilíbrio. Em lugares como estúdios de ioga, academias, centros de meditação e clínicas de acupuntura, a classe média alta norte-americana criou para si mesma todo um cenário de instituições para complementar (ou talvez substituir) todos os espaços —

especialmente aqueles de prática religiosa — em que as pessoas tradicionalmente vão em busca de um refúgio ou de transcendência do cotidiano.

No entanto, tudo isso acaba ficando dentro do óbvio que mencionei há pouco. Não há nada tão profundo ou original em sugerir, como faz Smith, que podemos obter e ser muito mais se apenas buscarmos ter e fazer um pouco menos. É uma lição importante, mas também razoavelmente intuitiva. O que, por outro lado, não é tão óbvio ou intuitivo assim são as outras duas afirmações que também estão em questão aqui. Precisamos dar atenção a elas, uma vez que atingem o cerne dos desafios envolvidos em viver a vida e manter uma mente feliz.

A primeira diz respeito à sugestão de Smith de que a felicidade não consiste apenas na tranquilidade, mas na "tranquilidade e prazer". Isso aponta para uma perspectiva um tanto quanto diferente a respeito da tranquilidade do que talvez possamos estar mais familiarizados, com base em outras tradições que também a valorizam. Por exemplo, em algumas escolas de filosofia antiga e em sistemas de monasticismo religioso, a tranquilidade é encontrada no ascetismo — na renúncia dos prazeres que nos distraem de nosso estado interior e de bens mais nobres. Mas isso não representa Smith. Ao colocar essas duas categorias de tranquilidade e prazer juntas, ele sugere que não podemos ter uma em detrimento de outra. Dessa forma, não é possível renunciar ao prazer e, ainda assim, encontrar felicidade. Pelo contrário, se temos a esperança de fazer o máximo de justiça que nossa natureza permite, precisamos encontrar um modo de viver que una tranquilidade e prazer — que vá por um caminho do meio entre o ascético, que se priva do prazer em busca da tranquilidade, e o filho do homem pobre, que se priva da tranquilidade em busca do prazer.

Dito de outro modo: a tranquilidade é onde repousa nossa felicidade, mas a tranquilidade que nos deixará realmente felizes é aquela adequada a seres como nós, que buscam prazer. E, por sua vez, isso nos leva a uma segunda questão, menos óbvia mas também importante. O tipo mais adequado de tranquilidade para nós também deve ser um que se enquadre com outro aspecto de nossa natureza e, especificamente, nossa natureza como seres ativos. Há pouco vimos que, para Smith, somos criaturas fundamentalmente ativas: "o homem foi criado para a ação". No entanto, isso traz certos desafios em termos de tranquilidade. É fácil pensar em um estado tranquilo como um estado passivo. Quando pensamos em um monge ou um sábio, imaginamos alguém em repouso, apartado do mundo. E o próprio Smith até perpetua um pouco esse estereótipo: dizer que precisamos "ficar quietos" e aproveitar os raios de sol em si sugere que precisamos de menos movimento e de mais quietude e silêncio. Mas, caso ele esteja certo e, no fim das contas, somos seres feitos para agirmos e nos movimentarmos, que tipo exatamente de "tranquilidade" é adequado para nós? Smith evidentemente está em busca de algo muito diferente da tranquilidade tanto do monge em sua clausura como do filósofo em sua biblioteca. E é aqui que começamos a ver que Smith está conscientemente fazendo uma das perguntas mais difíceis sobre a vida mais adequada para nós. Se precisamos de tranquilidade para sermos felizes e se, de fato, a tranquilidade que se baseia na retirada do mundo não nos é possível, qual exatamente é o tipo de tranquilidade que nós, criaturas ativas, devemos buscar?

9

*

"Essa disposição de admirar, e quase adorar, os ricos e poderosos, e desprezar, ou pelo menos negligenciar, pessoas de condição pobre ou inferior, embora necessária tanto para estabelecer quanto para manter a distinção de hierarquias e a ordem da sociedade, é ao mesmo tempo a maior e mais universal causa de corrupção de nossos sentimentos morais."

Ou: o capitalismo traz benefícios materiais, mas também implica custos morais que devemos enfrentar.

Adam Smith tinha uma habilidade única de ver os dois lados de uma questão. Isso o diferencia de nossa tendência atual de resolução de problemas. Vivemos em uma época polarizada. Nossas discussões políticas e sociais não se configuram muito como um debate, mas como partidas de boxe ideológico nas quais cada lado vai com tudo para cima do adversário. E não apenas nossos debates estão dominados pela combatividade e pelo extremismo ideológico, como também nossas próprias crenças e opiniões tendem a ser formadas em espaços em que não temos a chance de ouvir o outro lado. Atualmente, os cientistas políticos denominam isso de "câmaras de eco" e os filósofos, "bolhas epistêmicas". Mas a ideia é a mesma: nossas crenças são moldadas pelo engajamento em apenas um dos lados, aquele com o qual estamos dispostos a concordar e ao qual, consequentemente, simplesmente mais nos apegamos. Mas Smith não faz isso. Ele se compromete a ver os dois lados, mesmo em referência às questões que são mais queridas para ele.[1] Assim, quando a questão é o capitalismo, ele nos diz sem rodeios: as mesmas disposições que promovem a "ordem da sociedade" são, ao mesmo tempo, "a grande e mais universal causa de corrupção de nossos sentimentos morais".

Suspeito que possa haver mais a ser aprendido com essa frase do que com qualquer outra em *Teoria dos Sentimentos Morais*. Para começar, neste livro ele nos dá um exemplo de como é engajar-se em um debate maduro e produtivo, mesmo sobre as questões pelas quais temos paixão. Muito longe de apenas nos dar o lado da história que está mais de acordo com sua narrativa e conclusão preferidas, ele quer que vejamos ambos os lados da história do capitalismo, seus benefícios materiais, assim como seus custos morais. Esse comprometimento em prol do equilíbrio e em nos contar a verdade completa sobre a questão faz com que valha a pena ler Smith atualmente. Porém, também há uma questão substancial que ele busca transmitir, e é nela que nos concentraremos, visto que atinge o cerne dos desafios em viver bem a vida.

Os desafios, a meu ver, são dois. Ambos são resultados "[d]essa disposição de admirar, e quase adorar, os ricos e poderosos". Já vimos tal disposição em funcionamento, é claro: é o que leva o filho do homem pobre (e a todos nós que já sentimos a ambição e o desejo de reconhecimento que impele o filho do homem pobre) a fazer o que faz. Mas agora podemos ver que essa disposição, o desejo de emular os ricos e seguir seus caminhos, vem com dois custos muito específicos. O primeiro está relacionado com seu efeito em nós como indivíduos. Como já vimos, nossa busca frenética por atenção e distinção traz consigo um custo físico enorme, uma vez que nos força a sacrificar a tranquilidade necessária para a felicidade. Mesmo que busquemos os incentivos que o mundo nos recompensa, somos levados cada vez mais longe do que é necessário para nossa mente. Em um nível mais profundo, então, há um desentendimento entre o que o mundo quer que desejemos e o que, de fato, precisamos. Viver a vida bem exige que encontremos uma maneira produtiva de passar por essa divisão entre o que o mundo diz que é bom e o que é genuinamente bom para nós.

Temos, também, um segundo desafio aqui. Enquanto o primeiro envolve o modo pelo qual o mundo transforma nossa relação com nós mesmos, o segundo desafio envolve o modo com que o mundo transforma nosso relacionamento com as outras pessoas. Nossa propensão a admirar os ricos, em resumo, não apenas nos aliena de nós mesmos como também daqueles que estão ao nosso redor. E mesmo essa expressão "alienação" — que herdamos de Karl Marx, sendo ele mesmo um leitor de Smith — não captura muito bem o objetivo de Smith. O fato é que não estamos apenas distantes ou afastados dos outros como resultado do louvor às riquezas. Como Smith nos diz, esse louvor é muito mais sinistro em seus efeitos, pois nos faz "negligenciar" e, até mesmo, "desprezar" os menos abastados entre nós. Ao dizer isso, ele vai ainda mais além do que antes. Em capítulos anteriores, vimos como a atenção que damos aos ricos faz com que desviemos os olhos dos pobres. Mas, agora, parece que nossa negligência benigna não está tão distante assim da hostilidade e do desprezo ativos. E, sendo assim, o efeito de viver em uma sociedade como a nossa, que recompensa nossos esforços para melhorar nossa condição, é que tanto o relacionamento com nós mesmos quanto o relacionamento com outras pessoas são transformados para pior. Da mesma forma que nossa busca por atenção nos distancia do conforto do corpo e da tranquilidade da mente que somos impulsionados a buscar pela própria natureza, assim também nosso foco na atenção nos encoraja a "negligenciar" e "desprezar" os outros de maneiras que estão em tensão explícita com os "princípios de nossa natureza", como descritos na primeira frase essencial de *Teoria dos Sentimentos Morais*, que nos fez ter um "interesse" pelos outros e considerar a felicidade deles como sendo "necessária" para nós.

Isso nos traz ao cerne do problema com relação a viver a vida. A preocupação de Smith é que o mundo no qual nascemos, mesmo que nos possibilite ter certos bens ótimos e genuínos, transforma-nos e muda o modo pelo qual nos relacionamos com os outros. É uma preocupação que pelo menos algumas pessoas provavelmente compartilham; e certamente foi uma preocupação compartilhada por pelo menos um dos contemporâneos de Smith. Três anos após a publicação da primeira edição de *Teoria dos Sen-*

timentos Morais, o filósofo genebrino Jean-Jacques Rousseau — um pensador que Smith leu e traduziu e com quem concordava em diversos pontos (embora dificilmente todos) — publicaria uma obra notável que lidava com muitas das mesmas questões que Smith aborda em seu livro. A obra de Rousseau, *Emílio, ou Da Educação,* conta a história da educação que um jovem recebe de seu tutor, abrangendo o período de seu nascimento até seu casamento. O objetivo de Rousseau, ao escrevê-lo, era oferecer um relato de como seria criar o que ele chamava de "um homem natural na sociedade". Pois bem, o que exatamente Rousseau quis dizer com isso tem sido objeto de muitos estudos.[2] Mas, para nossos propósitos, o que importa é que pelo menos parte do que está em questão nesse projeto é uma preocupação que Rousseau compartilhava com Smith. Como nos explica Rousseau, nosso mundo moderno apresenta certos desafios específicos perante nossos esforços de vivermos bem, colocando-nos em tensão com nós mesmos e com os outros:

> Dessas contradições nascem as que experimentamos sem cessar em nós mesmos. Arrastados pela natureza e pelos homens por caminhos contrários, obrigados a nos desdobrarmos entre tão diversos impulsos, seguimos um, de compromisso, que não nos leva nem a uma nem a outra meta. Assim, combatidos e hesitantes durante toda a nossa vida, nós a terminamos sem ter podido acordar-nos conosco, e sem termos sido bons para nós nem para os outros.[3]

O projeto de Rousseau em *Emílio* é descobrir um meio pelo qual podemos reconquistar a unidade ameaçada pelas pressões de nosso mundo moderno e, desse modo, redescobrir uma forma de viver que possa, como ele diz, tornar-nos ao mesmo tempo bons para nós mesmos e para os outros. É precisamente esse mesmo projeto que reside na essência de *Teoria dos Sentimentos Morais,* que, como *Emílio,* busca mostrar-nos como podemos viver bem à luz tanto das divisões de nossa natureza como dos desafios de nosso mundo.

Com isso em mente, precisamos fazer uma mudança, parar de diagnosticar o problema e passar a resolvê-lo. Assim, o que Smith acredita, então, que devemos fazer ao esperarmos viver uma vida que seja boa e útil tanto para os outros como para nós mesmos?

10

*

"Raras vezes, portanto, o espírito fica tão perturbado que a companhia de um amigo não lhe restaure algum grau de tranquilidade e calma."

*Ou: não fomos feitos para estarmos sós,
o que fica evidente pelo fato das amizades promoverem
nossa tranquilidade.*

Tendo definido os principais desafios para viver a vida no mundo moderno, Smith deve, agora, voltar-se à questão de como podemos vencer esses desafios da melhor forma. Desse modo, o que deve ser feito? Muito na verdade. E a maior parte será exigente tanto intelectual como pessoalmente. Contudo, o conselho de Smith quanto a essa frente começa com algumas lições básicas e familiares. Uma das mais importantes é a recomendação de amizade dada na citação acima. Você perdeu sua tranquilidade? Sente-se ansioso? Em caso afirmativo, saia de casa e encontre seus amigos.

É um conselho muito simples. Quando ficamos fechados em nós mesmos, especialmente de modo que nos causa ansiedade e preocupação, a amizade pode nos oferecer um escape. Quando estamos com outras pessoas, podemos estar, de algum modo, menos com nós mesmos ou, no mínimo, menos exclusivamente com nós mesmos. Essa ideia de que a amizade é boa porque nos atrai para além de nós mesmos reaparecerá posteriormente nas recomendações de Smith quanto a outras práticas, conforme veremos. Contudo, por ora, a ideia principal é que a amizade é útil, na medida em que ajuda a restaurar a tranquilidade necessária para a felicidade. Vimos há pouco que a felicidade exige não apenas a tranquilidade, mas o prazer. No entanto, Smith acredita que os amigos também oferecem isso. Quando nos alegramos com nossos amigos, "a alegria deles literalmente se torna nossa" e "nosso coração se enche e transborda de prazer real".[1]

A amizade ideal na visão de Smith, portanto, envolve um compartilhamento mútuo de alegria. Isso é importante por dois motivos. Primeiro, para ele, a amizade é uma via de duas mãos. Compreender isso pode nos ajudar a nos resguardarmos de uma possível má interpretação da citação para este capítulo. Dizer que a presença de nossos amigos pode nos ajudar a aliviar nossa ansiedade e reconquistar nossa tranquilidade corre o risco de reduzir a amizade a uma instrumentalidade — um bem que valorizamos apenas pelo motivo de autointeresse, visto que por meio dele obtemos o que queremos. A amizade, obviamente, faz isso, mas não é a única coisa que ela faz. Afinal, caso nossa postura perante a amizade seja com uma mentalidade instrumental, nunca conseguiremos o que queremos dela de qualquer modo. A amizade descrita por Smith baseia-se não apenas em receber, mas também em compartilhar. Sim, ela nos traz tranquilidade, mas podemos obter essa tranquilidade que é tão boa para nós mesmos apenas se, em primeiro lugar, estivermos abertos para receber, compartilhar e vibrar na alegria dos outros, por nenhum outro motivo a não ser o fato de que estão alegres.

Essa noção de compartilhar também lança luz sobre um segundo aspecto crucial no conceito de Smith sobre a amizade. A questão relaciona-se às atividades devidamente características dos amigos. O que exatamente os amigos fazem juntos? Todos os tipos de atividades podem surgir à mente. Algumas são mais solitárias e envolvem dois amigos fazendo a mesma coisa próximos um do outro ao mesmo tempo: imagine dois amigos comendo, correndo ou pescando juntos. Essas atividades podem ser mais prazerosas se feitas na presença de um amigo, mas também podem ser feitas individualmente. Isso as diferencia de outros tipos de atividades que só podem ser feitas com outras pessoas. Imagine dois amigos tocando, jogando tênis ou discutindo juntos. Aqui as atividades são diferentes, na medida em que o engajamento mútuo dos dois amigos cria ou possibilita algo que não poderia existir, pelo menos do mesmo modo, caso eles estivessem separados. E é esse segundo tipo de amizade o mais valorizado por Smith. O tipo de amizade que restaura nossa tranquilidade, ele explica, precisa desse modo mais profundo de compartilhamento. É por isso que ele denomina "a sociedade e a conversação" os "remédios mais potentes para restaurar a tranquilidade mental", bem como meios úteis de conservar o temperamento "tão necessário à autossatisfação e prazer".[2] A conversação, o compartilhamento de pensamentos e de palavras pode ser o tipo mais íntimo de troca para os amigos, sendo a atividade mais adequada para eles.

Sabemos o que os amigos devem fazer (conversar) e o que obtêm de tal atividade (tranquilidade e prazer). Mas uma última questão com relação à amizade precisa ser respondida, qual seja: que tipo de pessoas devemos escolher como amigos? Quem serão nossos melhores amigos? Smith tem uma resposta bastante direta: "uma vez que a afeição fundada no amor da virtude é certamente a mais virtuosa das afeições, é, portanto, também a mais feliz, bem como a mais permanente e segura". Se esperamos colher todos os frutos que uma boa amizade pode trazer, será melhor escolhermos as melhores pessoas como amigas. Isso, por si só, tem um efeito ainda maior de felicidade, visto que essas amizades não precisam se confinar a uma só pessoa, insiste Smith, mas "podem abarcar com segurança todos os sábios e os virtuosos com quem estamos longa e intimamente familiarizados".[3] Pois bem, agora Smith precisa se esforçar um pouco mais para nos ajudar a entender o que significa ser devotado ao "amor da virtude". Ele também precisa explicar o que faz com que essas pessoas "sábias e virtuosas" sejam assim. Mas, mesmo agora, ele nos ajudou a reconhecer que, conforme desdobramos nossa tarefa de viver a vida, não é bom que estejamos sós.

11

— ✳ —

"O homem é um animal ansioso e precisa que suas atenções sejam
arrebatadas por algo que possa recrear o espírito."

*Ou: os prazeres simples da vida também são bons para nós,
mas apenas com moderação e autocontrole.*

Neste capítulo, preciso solicitar sua compreensão em dois sentidos, na verdade. Primeiro, a citação para este capítulo é a única neste livro que não vem diretamente das mãos de Smith. Ela foi retirada de um conjunto de anotações feitas por um dos alunos em seu curso de jurisprudência. Pois bem, como qualquer professor dirá, o que dizemos em uma aula e o que os alunos interpretam de nossas apresentações não são sempre a mesma coisa. Assim, precisamos considerar as anotações desse aluno com um pé atrás.

Mas também preciso solicitar sua compreensão em um segundo sentido, pois a citação trata de um assunto um pouco menos inebriante, em comparação aos grandes temas sobre virtude e felicidade sobre os quais recaiu nossa atenção. Na verdade, a citação acaba sendo *sobre* indulgência: especificamente, a bebida. Veja, se os alunos de Smith tivessem qualquer semelhança com os alunos de hoje, não seria surpresa se tivessem se eriçado ao perceber a referência de Smith ao álcool. O interessante para nós é que o próprio Smith tinha atração pela bebida. E o fato é que seu interesse tinha motivos centrais à sua teoria econômica e ética, e até mesmo à sua concepção quanto ao significado de viver a vida.

Na vertente econômica, ele apresenta a citação para este capítulo como uma ilustração dos perigos em potencial de certas intervenções do governo, especialmente a tributação. O ponto central de seu debate é a relação entre o "preço natural" de uma commodity e seu "preço de mercado", sendo seu argumento principal que qualquer coisa que "mantenha os bens acima de seu preço natural" por qualquer período de tempo "diminui a opulência de uma nação". Obviamente, são diversos os fatores que afetam o preço de uma commodity, dentre tantos outros impostos. Mas a ênfase de Smith neste livro é na forma pela qual os impostos sobre "cerveja, ou qualquer que seja a bebida forte do país" geralmente elevam o preço dos alcoólicos acima do que as pessoas comuns podem pagar, resultando em que "a sociedade vive menos feliz quando apenas poucas pessoas podem tê-los".[1]

No entanto, não é apenas a sociedade como um todo que fica menos feliz como resultado. Smith também acredita que esses tipos de políticas impactam negativamente a felicidade individual. É aí que seu argumento começa a se aproximar dos temas que repousam no cerne de seu livro. Em última instância, o motivo pelo qual os impostos sobre o álcool são imprudentes não é porque eles deixam a sociedade menos feliz (embora seja o caso) ou porque venham a limitar o consumo excessivo (Smith insiste que, de fato, eles tendem a falhar nesse aspecto), mas porque violam nossa natureza básica como seres humanos. "O homem é um animal ansioso", diz ele a seus alunos. Ou seja, somos, por natureza, criaturas com determinadas necessidades psicológicas — com "atenções" que "precisam" ser "arrebatadas". É uma declaração impressionante sobre a natureza humana. Dizer que "o homem é um animal ansioso", nas palavras de Smith, é dar um passo considerável além do que Aristóteles celebremente deu ao afirmar que "o homem é um animal político".[2] Arriscando-me a dizer muito pouco em um ponto em que muito mais precisa ser dito, afirmo que toda a diferença entre Smith e Aristóteles, e entre o pensamento político antigo e moderno, está encapsulada aqui.

Mas, no fundo, o motivo pelo qual a citação deste capítulo é relevante para nós é pelo que ela tem a dizer sobre viver a vida e, especialmente, os desafios que a ansiedade suscita ante nossos esforços de viver bem. Superar a ansiedade e conservar a tranquilidade, obviamente, não representam tudo de que necessitamos para uma boa vida. Ao mesmo tempo, talvez não seja possível viver uma boa vida se não cuidarmos da ansiedade. Sendo assim, acredita Smith, seria sábio aproveitar todos os recursos à nossa disposição que possam nos ajudar a rumar nessa direção. No capítulo anterior, vimos que os amigos são um desses recursos importantes. No capítulo seguinte, veremos que nossos esforços para sentirmos menos raiva e mais amor podem valer a pena nesse sentido. Mas, por ora, Smith sugere que um drinque também pode ajudar. É uma sugestão que cai bem a meus ouvidos — e não apenas porque aprecio uma boa cerveja e um bom bourbon, mas também porque isso me relembra que Smith, em meio a toda sua apreciação pelos grandes temas da vida (virtude, dever, perfeição, felicidade etc.), foi profundamente sensível aos modos em que nossas atividades e comportamentos humanos comuns também fazem parte de viver bem a vida — incluindo atividades como beber e socializar.

Por isso, nunca nos esqueçamos: Smith recomendava a bebida, mas o fez como um grande amante da virtude e como professor de filosofia moral. Assim, e talvez sem causar surpresa, o ato de beber por ele recomendado certamente é o mais moderado. Smith sabia muito bem que os prazeres do corpo "não raro nos induzem a muitas fraquezas de que depois com muita razão nos envergonharemos". De certo modo, como resultado, Smith recomenda a virtude essencial do "autodomínio". Pois bem, o autodomínio pode assumir muitas formas e, geralmente, está relacionado a atos nobres e heroicos. Porém, também é o que reside no cerne da virtude denominada "temperança" por ele — o "domínio dos apetites do corpo" que tem a função de "confiná-los dentro dos limites exigidos pela graça, conveniência, delicadeza e modéstia".[3]

Meu mentor certa vez comentou durante o jantar que a moderação, na concepção de Aristóteles, não significa nenhum martíni ou dois martínis, mas, sim, um martíni. Aristóteles e Smith podem ter tido suas diferenças, mas, com relação a esse assunto, acredito que eles concordariam.

12

✳

"Ódio e ira são o mais poderoso veneno contra a
felicidade de uma boa alma."

*Ou: a tranquilidade é ameaçada pelo ódio e pela ira,
mas promovida pela gratidão e pelo amor.*

No capítulo 10 vimos que, segundo Smith, uma das coisas que podemos fazer para conservar ou reconquistar nossa tranquilidade é estar com nossos amigos. Contudo, a tranquilidade e, então, a felicidade requerem não apenas que façamos determinadas coisas, mas que conservemos a nós mesmos de certo modo. Isso significa que não podemos simplesmente tentar escapar de nós mesmos, rodeando-nos de outras pessoas; pelo contrário, também precisamos nos organizar — estruturar-nos de tal modo que, em geral, tenhamos mais de alguns sentimentos e menos de outros.

Os sentimentos que precisamos tentar minimizar são chamados por Smith de "paixões insociáveis". Destacam-se entre eles o ódio e a ira, que nos foram concedidos por um motivo e, certamente, têm uma utilidade política e social (como veremos logo mais). Porém, também são nocivos à felicidade do indivíduo. "No próprio sentir dessas paixões", explica Smith, "existe algo de rude, desafinado e convulsivo, algo que dilacera e aflige o peito, e é inteiramente destrutivo para a compostura e tranquilidade do espírito tão necessária à felicidade".[1] O ódio e a ira, portanto, não são apenas ruins para aqueles a quem esses sentimentos são direcionados; são também ruins para aqueles que os sentem. Dessa forma, em um nível mais profundo, o ódio e a ira são ruins para os outros e para nós mesmos.

O contrário é verdadeiro sobre os sentimentos opostos ao ódio e à ira. Se realmente queremos alcançar a compostura e a tranquilidade tão necessárias à felicidade, precisamos reconhecer que "as paixões contrárias de gratidão e amor muito mais fazem para [as] promover". Assim como o ódio e a ira são dolorosos tanto para aqueles a quem são dirigidos como para os muito infelizes que chegam a senti-los, o amor e a gratidão trazem alegria tanto àqueles a quem são dirigidos quanto àqueles que inicialmente os experimentam. E, para Smith, é indubitável que esse amor tem esse poder, quando ele nos explica que "o sentimento do amor é em si agradável à pessoa que o experimenta", pois "alivia e sossega o peito, parece favorecer os movimentos vitais, e estimular a saudável condição da constituição humana".[2] O amor, então, é bom não apenas para os amados, mas também (e talvez especialmente) para os que amam. Dessa forma, o amor e a gratidão exercem papéis fundamentais na visão de Smith quanto a viver bem a vida. Como já tivemos a oportunidade de perceber, a questão primordial de Smith em termos de viver bem a vida é que precisamos descobrir um modo de viver que seja, ao mesmo tempo, bom para os outros e para nós mesmos. O amor e a gratidão são, talvez, sentimentos preeminentes, sendo ao mesmo tempo bons para os outros e para nós mesmos.

É claro que Smith ainda precisa explicar o que exatamente quer dizer com "amor" aqui. Quando pensamos sobre esse sentimento atualmente, temos a tendência de considerar o amor romântico. O próprio Smith tem algumas coisas a dizer sobre o amor romântico, certamente, e nem todas elas são caritativas.[3] No entanto, para nós, a questão essencial é que, quando fala de amor do modo pelo qual o faz aqui, ele tem em mente o amor aos outros que, às vezes, chamamos de caridade ou de amor ao próximo. Outra coisa, Smith precisa nos mostrar como será exatamente uma vida orientada por caridade ou amor ao próximo. Porém, já demos um passo importante e, no mínimo, vimos que a tarefa de viver bem a vida nos desafia a vivermos de tal modo que vivamos uma vida de amor.

Assim, antes de adiantarmos muito, preciso acrescentar uma breve ressalva quanto a algo que disse anteriormente. Percebemos que, no pensamento de Smith, o ódio e a ira são "destrutivos". Isso é fato para a maior parte de *Teoria dos Sentimentos Morais*. Porém, também há uma exceção crucial a essa regra. Em um lugar, Smith argumenta que o ódio e a ira, sentidos de certo modo em relação a certas pessoas como resultado de certos atos, não são destrutivos, mas construtivos. Essa é a forma específica de ódio e de ira que ele chama de "indignação solidária" ou de "ressentimento solidário".[4] São o ódio e a ira que as pessoas boas sentem instintivamente quando veem o inocente e o fraco sendo prejudicados pelo egoísta e pelo forte. Um jovem ataca uma senhora idosa para roubar sua bolsa: qualquer pessoa com uma decência comum que tenha o infortúnio de testemunhar essa cena não poderá deixar de sentir uma indignação visceral com relação ao jovem e um desejo de que ele pague o preço pelo que tão injustamente fez. Esse desejo de vingança talvez não nos proporcione prazer e certamente não promove nossa tranquilidade e bem-estar, pelos menos em curto prazo. Ao mesmo tempo, esse desejo instintivo por vingança é o que nos leva a apoiar as instituições de justiça que trazem ordem à sociedade. Assim, o ódio e a ira desse tipo podem ser dolorosos quando uma pessoa boa os experimenta, mas claramente são bons para a sociedade que os sente — talvez do mesmo modo que a ambição do filho do homem pobre pode ser nociva para sua tranquilidade, mas, ainda assim, benéfica para a ordem da sociedade.

Mas é uma exceção (mesmo sendo importantíssima) à regra geral de Smith. Essa regra é muito simples e pode até ser decepcionante. Quer ser feliz? Quer que os outros ao seu redor sejam felizes? Sinta menos ódio e mais amor. Acredito que essa é, realmente, uma mensagem central à visão de Smith quanto ao significado de viver bem a vida.

Ao mesmo tempo, se isso fosse tudo o que Smith estivesse dizendo, ele não seria exatamente um filósofo. Para colocar isso de um modo mais simples do que acabei de dizer, em vez de seu livro, seria suficiente um adesivo de para-choque. Mas a filosofia desses adesivos, mesmo que possam ajudar a condensar algumas afirmações centrais de Smith de forma que sejam rapidamente compreendidas, dificilmente capta o que realmente importa na obra *Teoria dos Sentimentos Morais*. O que Smith não fez até agora — e é por isso que precisa de um livro como *Teoria dos Sentimentos Morais* — é explicar como, exatamente, podemos passar a odiar menos e amar mais. Se realmente o amor é bom tanto para os outros como para nós mesmos, o que devemos fazer se temos a esperança de sermos mais amáveis?

13

✳

"A humanidade não almeja ser eminente, mas amada."

Ou: no fim das contas, o que mais queremos é amor.

Gostamos de amar — sabemos disso pelo capítulo anterior. Como vimos, a experiência de amar os outros é boa para nós. Nas palavras do próprio Smith, o amor é um sentimento "agradável" e que promove nosso estado "saudável". Além disso, o amor também acaba sendo bom para nós de uma segunda maneira, pois é bom não apenas amar, mas também ser amado. Daí temos o cerne da citação deste capítulo: em última instância, o que mais queremos não é a grandeza pela qual tantas vezes nos esforçamos e a qual tanto buscamos, mas o amor.

A essa altura, podemos perceber o nível de complexidade existente na visão de Smith quanto ao assim chamado "interesse próprio". Começamos nossa investigação examinando sua afirmação de que temos um interesse natural em assegurar os bens do corpo. Vimos, então, que também temos, graças à nossa imaginação, um interesse pela atenção dos outros. Em seguida, observamos que, além de tudo isso, temos um interesse em assegurar a tranquilidade da mente, sem a qual não podemos ser felizes. Mas tendo agora abordado o assunto sobre o amor, Smith revela que tudo que veio antes é, de certa forma, provisional, mera antecipação daquilo que verdadeiramente define a "humanidade". Então, temos sua questão, apontando que uma característica distintiva da humanidade é o desejo por amor.

Pois bem, suspeito que toda essa conversa sobre o amor pode deixar alguns leitores desconfortáveis. Muitos recorrem a Smith — e ele mesmo apela para muitas pessoas — pelo que esperam encontrar nele: a celebração de uma vida de vale-tudo na competição do mundo do livre mercado, em que os fortes vencem e os fracos são derrotados. O amor não parece ter qualquer espaço nesse mundo. Assim, há economistas que contestam essa visão do mercado e que buscam, por assim dizer, trazer o amor de volta.[1] É uma posição à qual não sou desfavorável. Mas neste livro, meu foco está em outra afirmação — mais precisamente a de que Smith acreditava que a experiência de amar e ser amado é essencial ao tipo de felicidade apropriada para nós, seres humanos. De fato, ele nos diz isso em diversos lugares. "Há uma satisfação em saber-se amado", explica-nos ele logo no início de seu livro, "o que, para uma pessoa delicada e sensível, é mais importante para a felicidade do que todas as vantagens que pode esperar disso".[2] Poucas páginas depois, ele repete a lição de forma ainda mais sucinta, dizendo-nos que "a maior parte da felicidade humana surge da consciência de ser amado".[3]

Observei há pouco que alguns leitores podem relutar frente a toda essa conversa sobre o amor. Outros, suspeito, a receberão de braços abertos. Mas ambos os tipos de leitores talvez indaguem se esse papo sobre o amor não estaria mostrando uma pequena esquizofrenia, talvez até uma contradição em Smith. Afinal, anteriormente ele disse que queremos atenção e, agora, que queremos amor. Como conciliar ambos? Assim como também disse que a felicidade exige tranquilidade e prazer e, agora, que "a maior parte" da felicidade provém do amor. O que estaria acontecendo aqui?

Temos uma questão importante que demanda uma resposta muito mais longa do que qualquer coisa que eu possa oferecer neste momento. Será suficiente dizer, por ora, que parte da arte de ler Smith cuidadosamente e, de fato, filosoficamente, consiste em descobrir como todas as suas afirmações diferentes formam uma unidade, mesmo (e talvez especialmente) quando não parecem ter uma combinação perfeita na superfície. Tenho um amigo que gosta de dizer que, ao ler *Teoria dos Sentimentos Morais*, não raramente fica com a impressão de que Smith "dá em uma página e tira na outra". Faz sentido e, no fim, acredito que boa parte do divertimento em ler Smith está na tentativa paciente de entender como todos os componentes complexos desenvolvem-se um a partir do outro e, por fim, compõem-se em um sistema integrado.

Mas isso é algo que o deixarei descobrir por si só ao mergulhar na obra *Teoria dos Sentimentos Morais* diretamente. Considerando-se nosso objetivo quanto aos insights de Smith sobre viver bem a vida, quero levantar duas outras questões. Uma trata de qual seria a intenção dele ao chamar a atenção para nossos desejos tanto por atenção como por amor. Pelo menos uma coisa que ele deseja, ao formular a questão dessa forma, estabelecendo esses objetos diferentes de interesse próprio perto um do outro, é nos levar a comparar tais bens e exercitar nossos próprios julgamentos quanto a seu valor. A atenção e o amor, afinal, têm muito em comum. Quando os recebemos de outras pessoas, ambos representam sentimentos de afeição. Contudo, em última instância, suas diferenças podem ofuscar suas similaridades. A atenção, como Smith nos explica, é algo que geralmente obtemos dos outros porque temos algo que eles querem. Recebemos atenção porque temos determinados bens — riqueza, fama, status — que aqueles que nos procuram não têm e desejam ter. Mas o amor, seja lá o que for, não é a mesma coisa. Amamos quem amamos pelas pessoas que são, e não pelo que elas têm. Dessa forma, a atenção e o amor são expressados por motivos muito distintos. E, talvez, também possam ser desejados por motivos muito diferentes, até mesmo de diversas maneiras, e por tipos distintos de pessoas.

Precisaremos voltar a essa última questão em mais alguns capítulos. Por ora, no entanto, gostaria de encerrar com uma pergunta incitada pela forma como Smith, nas frases que examinamos neste capítulo, descreve o amor. O amor dos outros, como vimos, é algo que queremos, de acordo com ele, e que realmente precisamos ter, caso tenhamos a esperança de sermos felizes. Como, então, conseguimos esse amor? O que precisamos ser ou nos tornarmos para sermos amados? Talvez, e mais importante: o que exatamente precisamos *fazer* na esperança de sermos amados?

14

--- ✳ ---

"Bondade gera bondade; e, ser amado por nossos irmãos é o grande objeto de nossa ambição, o caminho mais certo para alcançá-lo [obtê-lo] será mostrar, por intermédio de nossa conduta, que realmente os amamos."

Ou: é o ato de amar que nos traz amor.

Encerramos o capítulo anterior com uma pergunta. Se queremos ser amados pelos outros, o que precisamos fazer para obter esse amor tão desejado? Aqui Smith oferece-nos sua resposta. Obtemos amor — que, ele sugere, pode ser realmente "o grande objeto de nossa ambição" — quando amamos. E só amamos de forma ativa. Pensamentos e palavras não são suficientes; apenas por meio de nossa "conduta" é que "mostramos que realmente amamos" os outros.

Aparentemente, toda essa conversa sobre o amor parece estar muito distante do mundo do mercado. Esse mundo, como já tivemos a oportunidade de perceber, é o da competição e do interesse próprio. Porém, em um sentido essencial, o que Smith descreve aqui tem uma grande parte nesse mundo. É certo que o bem que descreve, o amor, não é do tipo que geralmente associamos às transações comerciais (exceto, talvez, por aqueles sujeitos muito especiais). Mas o processo por ele descrito aqui é facilmente reconhecido como uma negociação de troca. Smith sinaliza isso por meio de seu linguajar, deixando claro que, nesse processo, procuramos, literalmente e de forma mais determinada, "obter" o bem que nos é mais querido. O amor é apenas a moeda de troca, e o ponto levantado por Smith é simplesmente que, para obtermos o amor que queremos, precisamos amar.

Ao colocar as coisas dessa forma, Smith nos leva diretamente ao mundo dos negócios que tão conhecidamente descreve em *A Riqueza das Nações*. Há um trecho muito conhecido nessa obra e bastante utilizado quando alguém pretende mostrar que não há lugar para a sentimental benevolência no mundo hostil do mercado. Nele, somos, de maneira infame, informados de que "não é da benevolência do açougueiro, do cervejeiro ou do padeiro que esperamos nosso jantar, mas da consideração que eles têm pelo seu próprio interesse". Alguns consideram isso como toda a evidência necessária ao Dr. Stigler em sua tese de que o interesse próprio é o "granito" sobre o qual o sistema de Smith está construído. Porém, se analisarmos aquela mesma página em *A Riqueza das Nações*, veremos que Smith está menos preocupado em dar julgamentos de valor do que simplesmente descrever o que acontece quando duas pessoas juntam-se para trocarem bens. A ideia subjacente à troca, nas palavras dele, é "dê-me aquilo que eu quero, e você terá isto aqui, que você quer".[1] Mas algo muito semelhante a isso acontece com um amante que espera ser amado (embora com a ressalva de que um amante que espera ser amado é geralmente mais semelhante ao que a teoria dos jogos chama de ser o primeiro a se mover: ele não pede o amor prometendo amar, mas ama primeiro).

Faço questão de enfatizar isso por diversos motivos. O primeiro, e mais importante, é que há uma lição fundamental transmitida por Smith àqueles que estão interessados na questão de como viver a vida. Estando Smith certo de que, no fim das contas, o que mais queremos é ser amados, aqui ele nos dá o conselho mais explícito que qualquer pessoa que busque esse bem poderia pedir. Temos, portanto, uma daquelas instâncias na obra de Smith, em que ele muda de uma mera descrição de como as pessoas tendem a agir e passa a dizer como deveriam agir se quiserem viver bem. Os especialistas em Smith gostam de debater se ele é, no fundo, mais bem compreendido como um cientista social, cujo objetivo é descrever o comportamento humano de forma objetiva, ou mais como um pensador normativo — ou seja, alguém que recomenda certos tipos de comportamento como sendo preferíveis a outros. Minha própria percepção é de que não podemos compreender tudo o que Smith diz se apenas fizermos uma leitura exclusivamente através das lentes da primeira opção, ou seja, mais científica.[2] Aqui, obviamente, não é o lugar para falar detalhadamente sobre essa questão. Por ora, a questão a ser levantada é que Smith tem muito a dizer aos leitores com interesses normativos, sendo, nesse caso, um dos lugares em que isso ocorre.

Isso nos leva à segunda questão. Smith, penso eu, acredita que há formas melhores e piores de agir. Conexamente, ele também acredita que há formas melhores e piores de viver. Se negarmos isso, não acredito que possamos tirar algum sentido de qualquer coisa que ele diga sobre virtude ou felicidade. Ao mesmo tempo, precisamos tomar muito cuidado. Só porque Smith acredita que há formas melhores e piores de viver, não devemos presumir que ele acredita que há uma única forma melhor de todos viverem. Esse enfoque era comum na filosofia antiga, na qual a ideia da "melhor vida" para um ser humano era geralmente evocada — a única vida à qual devem aspirar todos os que buscam viver a melhor vida possível. No entanto, isso não seria Smith. Ele seria, na verdade, o que atualmente e, por vezes, chamamos de "pluralista".[3] Ou seja, muito embora acredite que há formas melhores e piores de viver, ele nunca defende que há apenas uma forma melhor para todos.

Isso, eu acredito, torna o enfoque de Smith especialmente valioso atualmente. Ele vai contra o que seria uma panaceia à excelência humana, defendendo, por sua vez, que tipos diferentes de excelência são adequados a tipos diferentes de pessoas. Seu foco é naqueles que entendem o amor como "o grande objeto de sua ambição". Mas também sabemos, é claro, que há pessoas que consideram a atenção o objetivo de sua ambição. Um filósofo antigo talvez pudesse descartar os amantes da atenção como totalmente perdidos. Mas Smith, mesmo sabendo que seria tolice tentar converter um amante da atenção em um amante do amor, ainda acredita que podemos demonstrar tanto aos amantes do amor como aos amantes da atenção formas melhores e piores de buscar os respectivos objetos de suas ambições. E é aqui que entra em cena a virtude da prudência. Em um capítulo essencial de *Teoria dos Sentimentos Morais*, na sexta parte, Smith descreve o caráter da pessoa por ele denominada de "homem prudente". De diversas maneiras, o homem prudente é o antídoto para o filho do homem pobre, uma vez que o homem prudente demonstra-nos uma forma melhor de conseguir melhorar nossa condição do que o filho do homem pobre em sua corrida desenfreada para a frente. O homem prudente está atrás do mesmo bem que o filho do homem pobre; ele também almeja que sua condição "melhore a cada dia". Mas ele ocupa-se disso de maneira diferente, trabalhando lenta e gradualmente; Smith enfatiza, de modo especial, "a constância de sua diligência" e a "regularidade de sua temperança". O contraste com o filho do homem pobre fica claro. Ambos trabalham no avanço de seu interesse próprio, mas no aspecto em que um o faz de forma tão desesperada, obsessiva e impaciente, o outro o faz de maneira que o permite melhorar sua condição e, também, trazer-lhe "tranquilidade segura".[4]

Isso me leva à última questão que pretendo levantar neste capítulo. Os amantes do amor aqui descritos por Smith são pessoas motivadas por uma necessidade de serem amadas. Elas amam não porque acham que é a coisa certa a se fazer — o tipo de coisa que fariam mesmo se soubessem que nunca obteriam um amor em retorno. Pelo contrário, seus atos de amor são motivados por seus desejos de obter amor em troca. Para eles, o amor é uma recompensa, algo a que esperam que os outros demonstrem reciprocidade. Só que isso é muito diferente de como muitas outras escolas de pensamento entendem o amor. Em especial, o cristianismo — uma religião que o próprio Smith identifica, inúmeras vezes, como uma religião de amor (falaremos sobre isso novamente no capítulo 27) — é geralmente considerado por compreender o amor como o oposto do interesse próprio: um "amor desinteressado" ou um "amor abnegado" tem sido o objetivo de muitos cristãos. Pois bem, muitos debates foram feitos a respeito desse conceito, tanto dentro como fora das igrejas, mas, para nós, ele nos faz pensar: considerando tudo o que Smith disse sobre o amor como algo que damos porque assim esperamos recebê-lo, poderia haver algum outro lugar em seu sistema para outro tipo de amor, um que ame sem esperar recompensa?

15

> "Todos os membros da sociedade humana precisam da ajuda uns dos outros, e estão igualmente expostos a ofensas mútuas. Onde a ajuda necessária é reciprocamente provida pelo amor, gratidão, amizade e estima, a sociedade floresce e é feliz."

Ou: precisamos da ajuda uns dos outros, mas apenas quando amamos e somos amados é que a sociedade prospera.

Aprendemos no capítulo anterior que, se esperamos obter amor dos outros, primeiro precisamos amá-los. A felicidade humana individual depende disso. Mas e se essa atividade não ficasse restrita a apenas algumas pessoas? E se todos amassem uns aos outros e, em recompensa, também fossem amados? Parece tão idílico. Você consegue imaginar um mundo assim? Acontece que Adam Smith conseguia. Pois é exatamente isso que ele descreve na citação acima: o mundo no qual todos proveem "ajuda" uns aos outros, uma ajuda "reciprocamente provida pelo amor".

É aqui que o Sr. Gekko e seus amigos, caso tenham se dado ao trabalho de permanecer até essa altura, saem correndo para bem longe. Eles não podem se dar ao luxo de ser incomodados com esse tipo de coisa, que são sonhadas pelos visionários idealistas — utopias inventadas que nunca existiram e nunca existirão. Por que perder um minuto de nosso tempo, perguntam eles, com coisas que não são reais? Veja bem, é uma pergunta importante, especialmente para nós. Comecei este livro tentando induzir certa urgência, trazendo à mente aquela verdade desconfortável, porém óbvia, de que cada um de nós tem apenas uma única vida a ser vivida, uma vida que passará muito mais rápido do que podemos desejar. Portanto, a pergunta sobre por que devemos passar um tempo precioso pensando sobre um ideal imaginário não é o tipo de pergunta que fica apenas na mente da turminha do Sr. Gekko, mas também passa pela cabeça de pessoas decentes e preocupadas em viver a melhor vida possível.

Como resposta, sugiro a existência de pelo menos três motivos pelos quais devemos levar a ideia de Smith a sério. O primeiro está relacionado ao simples fato de sua distância fundamental de nosso mundo atual, o mundo real em que todos moramos. Nosso mundo, como todos o denominam, é sabidamente "dividido", "fraturado" e "separado". No entanto, a ideia de Smith é exatamente o contrário. É um mundo, nas palavras dele na linha seguinte, no qual "todos os seus diferentes membros estão atados entre si pelos agradáveis elos do amor e afeição", estando, ainda, "atraídos para um centro comum de bons serviços recíprocos".[1] É um mundo que tem, portanto, um "centro comum" de gravidade, um ponto unificador ao redor do qual todos os seus "diferentes membros" podem juntar-se, não apenas coexistir, mas coalescer. E, talvez o mais importante, o que possibilita isso é o "amor e a afeição". Onde a competição por atenção separa as pessoas, as expressões de afeição e amor as une. Certamente há muitas outras lições aqui para aqueles que ficam imaginando o que exatamente será necessário para curar as feridas e divisões de nosso mundo atual.

Um segundo motivo por que devemos levar Smith a sério trata das implicações dessa visão para nossa pergunta principal sobre viver a vida. A citação deste capítulo descreve certa visão da boa sociedade. Sendo assim, ela é adequadamente uma contribuição para a filosofia social ou política. Obviamente, nossa própria pergunta principal não é realmente política, mas ética, uma questão de filosofia moral, não de filosofia política. Mas, mesmo que tentemos desagregar essas disciplinas quando falamos sobre subespecialidades da vida acadêmica profissional da atualidade, quando nos defrontamos com a pergunta sobre viver bem a vida, fica claro que não podem haver essas fronteiras prontamente demarcadas. A questão essencial aqui é que não vivemos em bolhas; viver a vida exige uma matriz em que possamos vivê-la. Pois bem, não quero me alongar muito nesse assunto. São águas profundas da filosofia política e já temos o suficiente em nosso prato no momento. Todavia, ao formular sua visão sobre a boa sociedade — e, especificamente, ao identificar de forma explícita que essa sociedade "floresce e é feliz" —, Smith nos convida a pensar se ela pode ser vantajosa ou, até mesmo, necessária para vivermos uma vida próspera e feliz.

A esses dois motivos pelos quais levar a ideia de Smith a sério, permita-me adicionar um terceiro. Como vimos, Gekko e seus companheiros céticos não têm muito tempo para ficar falando de ideais. Precisamos, dizem eles, usar nosso tempo pensando sobre quais são os caminhos realmente viáveis para nós, em vez de pensar nos caminhos impossíveis e inviáveis. Em minha concepção, essa dificilmente é uma posição tola. Em termos de decisões no mundo real, seja sobre o tipo de sociedade que queiramos criar ou sobre o tipo de vida que queiramos ter, como seres humanos, sempre enfrentaremos certos limites na gama de nossas opções. Portanto, vamos admitir que, de fato, nossa gama de opções no mundo real está certamente atrelada aos limites de nosso mundo e da forma pela qual fomos feitos. Ao mesmo tempo, por mais atrativo que esse realismo possa ser, essa linha de raciocínio depara-se com um problema. O problema é que ainda temos que tomar uma decisão — ainda precisamos escolher um tipo de sociedade (ou de vida) em detrimento de outro, já que não podemos ter todos. Mas como tomar essa decisão? Como saber qual caminho seguir?

Aqui entra em cena a ideia do ideal. Quando imaginamos um ideal e o fixamos em nossa mente, temos algo em que focar. Um ideal desse tipo nos dá um sentido de aonde queremos ir e nos dá, até mesmo, uma maneira de mensurarmos se o caminho escolhido está ou não nos levando mais próximos de onde queremos chegar. Dessa forma, os ideais são ainda mais úteis (e talvez especialmente) para os realistas, pois nos ajudam a organizar nossas escolhas e classificar diferentes opções de acordo com sua correspondência. O perigo, é claro, aparece quando nos enganamos ao pensar que podemos, final e completamente, realizar nosso ideal no mundo real. Nisso reside o caminho à perdição e, talvez, até o caos político. Contudo, estou bastante confiante de que Smith nunca sofreu desse tipo de ingenuidade.

O próprio Smith apresenta uma condenação memorável ao tipo de visionário por ele denominado "homem do sistema". É o tipo de político que está "tão enamorado da suposta beleza de seu plano ideal de governo" que acha que pode dispor a vida de pessoas reais "com a mesma facilidade com que dispõe as diferentes peças sobre um tabuleiro de xadrez". Smith sabe que negar a liberdade pode apenas levar ao desastre, e é por isso que ele defende com tanto vigor a superioridade das sociedades livres governadas por mãos invisíveis frente às sociedades dispostas e manipuladas pelas mãos dos homens do sistema. Porém, acima de tudo isso, ele sabe que também se dá o fato de que não podemos viver sem ideais. É por esse motivo que ele insiste que "alguma ideia geral e até sistemática de perfeição da política e da lei certamente pode ser necessária para orientar as opiniões do estadista".[2] Não apenas na política. Como veremos posteriormente, tanto a vida política como a vida moral demandam termos em mente "uma ideia de perfeição", mesmo sabendo que — e algo do qual nunca devemos nos esquecer —, como seres humanos, nunca será possível atingir essa perfeição na realidade.

De qualquer forma, acredito que isso explica a intenção de Smith. No parágrafo seguinte, ele descreve uma sociedade muito diferente, desenvolvida em torno de uma "troca mercenária de bons serviços, segundo uma valoração acordada entre eles".[3] Isso, obviamente, se parece muito mais com a sociedade por ele descrita em *A Riqueza das Nações* — uma sociedade desenvolvida sobre a troca recíproca de bens e serviços, e não sobre os laços de afeição e amor.[4] E levando-se em conta o fato de que Smith escreveu um livro completo e longo sobre essa sociedade comercial, quanto exatamente deveríamos considerar de seu relato sobre uma sociedade do amor? Estaria ele apenas tentando limpar a área, varrendo para longe o sonho visionário antes de iniciar seu estudo sobre o que é possível? Acredito que estaríamos prestando um desserviço a Smith ao entendermos o assunto sob essa perspectiva. Afinal, ele faz um esforço tremendo para nos dizer que essa segunda sociedade, a que não tem "amor ou afeto recíprocos", é "menos feliz e agradável". Ela nunca vai prosperar, diz ele, apenas vai "subsistir".[5] Suponho que algumas pessoas possam concordar com isso; subsistir, afinal, é melhor do que o caos. Mas suspeito que, se você chegou até aqui em sua leitura, provavelmente não é uma dessas pessoas. A nós, que nos importamos com a prosperidade humana e até gostaríamos de prosperar em nosso próprio direito, Smith faz uma pergunta diferente: o que precisamos fazer se esperamos trazer nossa sociedade mais próxima, mesmo que só um pouquinho, de tornar-se uma sociedade que floresce e é feliz?

16

✦

"Naturalmente o homem não apenas deseja ser amado, mas amável."

Ou: não queremos apenas receber amor; também queremos ser merecedores dele.

Mencionei há pouco a frase do meu amigo sobre como Smith dá em uma página e tira na outra. É um sentimento bastante comum aos leitores cuidadosos de sua obra: bem no momento em que você acha que ouviu tudo o que tinha a ser dito sobre determinado assunto, de repente, ele acrescenta um último detalhezinho — que geralmente o leva a repensar tudo aquilo que achava que sabia. Nossa citação para este capítulo é um clássico exemplo disso. Smith já nos disse muito sobre a natureza humana. Em especial, ele nos falou muito sobre todas as coisas que as diversas partes de nossa natureza nos fazem querer, da saúde e da autopreservação ao reconhecimento e à atenção, da tranquilidade e do prazer à felicidade e ao amor. Mas, justamente quando pensamos que ele terminou sua análise sobre a natureza humana e nossos desejos naturais, ele acrescenta uma última questão. Agora, nos diz que "naturalmente o homem" deseja não apenas o amor (o que já sabíamos), mas também "ser [...] amável". Assim, o que exatamente ele pensa acrescentar ao debate e por que exatamente deveríamos nos importar?

Precisamos nos importar com isso, acredito, porque (correndo o risco de parecer hiperbólico) todas as lições de Smith sobre viver a vida daqui em diante dependem disso. Mas essa afirmação, obviamente, é você que poderá julgar apenas ao término deste livro. Por ora, apenas precisamos ter claro o que exatamente Smith quer dizer com tudo isso. O ponto essencial é que, como seres humanos, fomos feitos de tal maneira que queremos algo a mais, em termos de amor, do que simplesmente obter o amor dos outros. Sim, queremos receber amor. Mas também queremos saber que realmente "merecemos" o amor que estamos tentando obter — que "merecemos" ser amados mesmo quando ninguém está, de fato, nos amando. É isso que ele quer dizer quando afirma que naturalmente queremos ser "amáveis". Atualmente e em geral, usamos a palavra "amável" (se é que a usamos) para descrever aparências. Smith não a usa para fazer referência às aparências, mas à nossa dignidade moral. Quando colocamos sob essa perspectiva, podemos ver que ele está fazendo uma grande mudança. Até agora estivemos discutindo o amor como um bem a ser adquirido. Ao fazer a transição de obter amor para ser amável, Smith muda do tipo de bem que obtemos por fazer certas coisas para o tipo de bem que é nosso porque somos algo. É uma mudança importante na questão. Não podemos mais apenas nos perguntarmos: o que devo fazer e como devo agir para obter o amor que me tornará feliz? Agora a pergunta passa a ser: o que devo fazer para ser o tipo de pessoa que sabe merecer e que é digna de amor e louvor?

A amabilidade, então, é um estado de ser: um estado que ocupamos quando nos demonstramos "ser objeto natural e apropriado de amor". E Smith estende esse modo de pensamento à categoria relacionada ao louvor, explicando que a "natureza", de modo similar, "dotou" o homem "não apenas de um desejo de ser aprovado, mas de se tornar objeto de aprovação necessária, ou de ser aprovado pelo que ele mesmo aprova".[1] Isso é crucial por diversos motivos, incluindo suas implicações na vida social e política.

Imagine um mundo onde tudo com que nos importássemos fosse sermos louvados e amados, indiferentes ao fato de se realmente merecemos o louvor e o amor que buscamos. Em um mundo assim, não nos importaríamos com o tipo de pessoa que seríamos. Toda nossa energia seria direcionada para garantir que tivéssemos determinada aparência para os outros, na esperança de que, assim, pudéssemos maximizar nossas chances de obter amor e louvor, objetos de nossa busca. Pois bem, suspeito que esse mundo aparenta ser horrível para a maioria dos leitores deste livro. Com isso, nosso próprio mundo — um mundo de selfies, de consultores de imagem e de uma curadoria obsessiva de mídia social — pode não estar tão distante assim daquele mundo. De qualquer modo, claramente não é o mundo encorajado por Smith, nem o tipo de comportamento que ele tende a admirar; afinal, apenas "as pessoas mais frívolas e superficiais", ele nos diz, são as que "se encantam sobremaneira com o louvor que sabem ser inteiramente imerecido".[2]

O mais importante para nós aqui não é como nosso amor natural à amabilidade reformula nossa vida social, mas como esse amor necessariamente formula nossos próprios esforços para vivermos a vida. E, quanto a isso, a questão central é a diferença entre obter e merecer. Quando tentamos obter algo, quase sempre o fazemos na tentativa de obtê-lo de alguém. Isso certamente é verdadeiro quando tentamos obter atenção, reconhecimento ou amor (pelo menos, como temos discutido sobre o amor até aqui). Nesses casos, agimos de acordo com o lado de nossa natureza que é fundamentalmente carente e quer satisfazer suas necessidades por meio da troca — o lado de nossa natureza que dá voz à ideia que vimos dois capítulos atrás: "dê-me aquilo que eu quero, e você terá isto aqui, que você quer". Porém, fazemos algo mais e agimos com base em um lado diferente de nossa natureza quando tentamos merecer algo. Nesse caso, não estamos tentando obter algo, mas ser algo e, especificamente, algo que seja digno de estar à altura de determinado padrão.

É aqui que reside a significância dessa mudança, de obter para merecer. Os bens merecidos são diferentes dos obtidos, acima de tudo porque esses bens obtidos não são apenas dados pelos outros, mas dados por pessoas que são juízes de nosso merecimento ou não. Os admiradores dão atenção porque acreditam que os objetos de sua atenção valem a pena, talvez por causa de seu valor, status ou (esperançosamente) seu mérito. Assim, também os objetos de nossa beneficência nos amam porque acreditam que a merecemos pelo amor que demonstramos a eles. Nesses casos, são os julgamentos dos outros que importam. Mas de quem é o julgamento que importa quando a questão é se somos amáveis ou dignos de louvor? Isso não parece ser algo que podemos permitir que os outros julguem por nós; nesse caso, o único juiz que importa é nosso próprio eu — o único que, no fim das contas, não vê apenas como parecemos ser, mas o que realmente somos. Sendo assim, os bens que a maioria das pessoas precisam para a felicidade não são os tributos dos outros, mas os tributos de nossa própria consciência.

Assim, duas perguntas específicas emergem do desafio de viver a vida. Em primeiro lugar, em que exatamente consiste o merecimento? Usando as palavras do próprio Smith: o que exatamente é o "ser objeto natural e apropriado de amor"? Em segundo lugar, como podemos saber se nós mesmos somos assim? Como podemos julgar se, de fato, merecemos louvor e amor? A primeira pergunta fala sobre como definimos o merecimento, e a segunda sobre se somos merecedores. Ambas são perguntas que precisamos responder se estivermos levando a sério o fato de viver bem a vida. A maior felicidade depende disto: "há felicidade maior que ser amado e saber que merecemos o amor?"[3]

17

✳

"Quando me esforço para examinar minha própria conduta, quando
me esforço para pronunciar sentença sobre ela, seja para aprová-la ou
condená-la, é evidente que, em todos esses casos, tudo se passa como
se me dividisse em duas pessoas; e que eu, examinador e juiz,
represento um homem distinto perante ao outro eu, a pessoa
cuja conduta se examina e se julga."

*Ou: o caminho de cura para nossas divisões começa
pela necessidade de nos dividirmos ainda mais.*

O capítulo anterior nos deixou com duas perguntas. A primeira: o que é
o merecimento de louvor? Como podemos defini-lo? A segunda: como sabemos se somos merecedores de louvor? Como devemos julgar isso? Claramente, teremos que responder a ambas as perguntas se realmente a "felicidade maior", como Smith nos disse, requer não apenas que sejamos
amados pelos outros, mas "saber que merecemos o amor". E na citação
deste capítulo, Smith dá um passo importantíssimo em direção à resposta
à segunda pergunta. Como podemos julgar se somos dignos de louvor em
nosso próprio direito? Primeiro, precisamos dividir-nos em "duas pessoas"
— nossa pessoa normal que age e é observada e julgada e uma segunda
pessoa, o "examinador e juiz", que, na realidade, é um "homem distinto".

Essa asserção também é uma das marcas características de Smith e é
vista por muitos como o elemento mais original e importante de sua filosofia moral: o "espectador imparcial". Em um capítulo curto, não pode-

mos esperar fazer justiça a tudo o que está em questão em relação ao conceito do espectador imparcial. Mas podemos, acredito, tentar colocar mais luz sobre a questão de por que ele é importante para as pessoas engajadas no projeto de tentar viver uma vida melhor.

Comecemos pelo problema de por que exatamente precisamos de um espectador imparcial, para início de conversa. Já sabemos que Smith acredita que a felicidade genuína pede não apenas que sejamos amados e louvados, mas também que mereçamos ser amados e louvados. Porém, quem determina o merecimento? Outras pessoas não podem fazer isso por nós; elas sabem somente o que veem e geralmente são enganadas pelas aparências. E tampouco podemos fazer isso por nós mesmos, pelo menos não simplesmente de qualquer forma. Por certo, sabemos mais da história sobre nossos pensamentos, sentimentos e motivos internos, as coisas que geralmente escondemos dos outros. Mas, como seres humanos, tendemos a não ser bons juízes em nossos próprios casos. Somos, é claro, criaturas com interesse próprio, e nosso interesse em considerar-nos dignos entra em conflito com a objetividade e a neutralidade necessárias para garantir a acurácia dos julgamentos em questões que envolvem nós mesmos. Ademais, Smith também sabe que, com frequência e deliberadamente, deixamos passar determinados aspectos de nós mesmos que não gostamos para nos concentrarmos naqueles dos quais gostamos. Ele denomina isso, memoravelmente, de "o véu misterioso do autoengano" e insiste que a maioria das pessoas considera difícil (e até doloroso) quando são apresentadas à verdade completa sobre si mesmas.[1]

Nos julgamentos de merecimento, portanto, não podemos confiar nos outros nem em nós mesmos. O que fazer? A resposta de Smith é que precisamos apelar para um tipo totalmente diferente de pessoa, como um terceiro que fica entre nós e os outros — alguém que consiga trazer ao julgamento os insights e as perspectivas exclusivas de cada parte enquanto permanece imparcial perante as características de cada uma. Ao fazermos isso, diz Smith, ocupamos a posição de um "espectador imparcial e leal", que pode julgar o merecimento sem ser atingido por nenhum potencial efeito de distorção, por ter uma parte direta em jogo.[2] E essa é a forma pela qual o espectador imparcial de Smith vai um pouco além e fica mais próximo de princípios como a regra de ouro, que nos diz o que fazer e como agir, de modo que também procura mitigar o comportamento egoísta. Mas no ponto em que a regra de ouro nos oferece um guia para a atenção, o espectador imparcial também está, no mínimo, tão preocupado em nos ensinar a julgar — e como julgar o mérito moral, em particular — como em nos ensinar a agir.

O fato de Smith ter recorrido ao espectador imparcial sempre chamou minha atenção — e de muitos outros — como uma solução brilhante para um problema filosófico muito complexo. O interesse próprio distorce nossa visão da realidade, mas nossa imaginação nos dá recursos para criarmos uma nova pessoa que pode corrigir nossos julgamentos no mundo real. Essa, novamente, é uma ideia que merecer ser (e está sendo) estudada cuidadosa e meticulosamente. Mas, neste livro, focarei apenas suas implicações para viver uma vida melhor. Nesse sentido, percebo duas implicações como sendo dignas de nota.

A primeira trata do que Smith está nos pedindo para fazer, de modo a permanecermos na perspectiva do espectador. Veja como ele descreve isso na citação deste capítulo: se queremos julgar nosso caráter e conduta, se esperamos conseguir entrar na perspectiva do juiz e examinador imparciais, devemos primeiro "dividir-nos" em "duas pessoas". Ao refletirmos sobre isso, podemos ver o avanço extraordinário que está sendo feito aqui. Nossa indagação sobre os desafios de viver a vida começou, afinal, com os desafios da divisão. Conforme Smith nos mostrou no início de seu livro, somos divididos pela natureza (entre sentimentos próprios e para com os outros) e somos ainda mais divididos pelo mundo (entre nossa necessidade de paz e tranquilidade e os incentivos do mundo por fama e fortuna). A divisão, portanto, é o problema a ser resolvido em nossa vida. No entanto, acontece que agora o caminho para curar nossas divisões começa com um ato consciente de dividir-nos ainda mais. Assim, em um sentido bastante profundo, alcançar a unidade subvertida por nossa divisão presente exigirá que não resistamos a tal divisão, mas que a aceitemos — muito embora seja uma divisão muito específica, que é aceita de modo muito específico.

Uma segunda implicação relaciona-se com o que acontece quando assumimos a perspectiva de um observador imparcial de nós mesmos. Claramente, aprendemos muito sobre nós — sendo que podemos gostar de algumas coisas e não gostar de outras. E por mais constrangedor que essas coisas menos apreciadas possam ser, Smith acredita que seja bom para nós que as vejamos, como se esse ato aumentasse a possibilidade de mudarmos a forma como vivemos. Certa vez ouvi alguém dizer que a forma mais segura de perder peso é sempre comer nu e em frente ao espelho. Isso não é tão poético quanto a forma colocada por Smith (e certamente é um conselho de dieta muito ruim), mas ele busca a mesma coisa quando diz que "se pudéssemos nos ver como os outros nos veem", com relação ao nosso comportamento, "seria inevitável uma reforma geral", pois, "de outro modo, não poderíamos mais suportar essa visão".[3]

Porém, isso é apenas parte do que Smith tem em mente ao falar da reforma que inevitavelmente acontece quando nos vemos sob uma luz imparcial e justa. Nós não apenas mudamos determinados comportamentos, para alinhá-los a nossos interesses próprios verdadeiros: reduzir o consumo de sobremesas para que possamos ver nossa boa forma no espelho. O mais importante é que nos ver sob essa perspectiva remodela como nos relacionamos com os outros. Smith nos diz que, de fato, "é apenas consultando esse juiz interior que poderemos ver o que nos diz respeito em sua forma e dimensões apropriadas; ou que podemos estabelecer uma comparação apropriada entre nossos interesses e os de outras pessoas".[4] Estando isso certo, então o ato de nos tornarmos o espectador imparcial de nós mesmos não apenas avança na promoção de nosso próprio melhoramento, como também reformula fundamentalmente como entendemos nossa própria relação com os outros. A divisão de nós mesmos entre o ator e o espectador deixa de ser, portanto, apenas um passo importante rumo à unidade interna e passa a ser, também, um passo importante em direção a nossos esforços para alcançarmos a unidade com os outros.

18

✳

"Quando alguém se vê sob a luz em que sabe que os outros o veem, compreende que não é, para esses, mais do que um indivíduo na multidão, em nenhum aspecto melhor do que qualquer outro."

Ou: você não é melhor do que ninguém — e ninguém é melhor do que você.

Esse tal de espectador imparcial é um personagem e tanto! Ele — e ninguém mais — possibilita que nos vejamos como realmente somos. Em especial e como vimos no final do capítulo anterior, ele nos permite "ver o que nos diz respeito em sua forma e dimensões apropriadas". Mas o que isso quer dizer exatamente? Precisamente, qual perspectiva sobre nós mesmos ele oferece? O que acontece é que essa é uma perspectiva extraordinária e que a maioria das pessoas provavelmente considera, ao menos de início (e talvez depois por um longo tempo também), muito difícil de engolir: que somos apenas "um indivíduo na multidão", de fato "em nenhum aspecto melhor" do que qualquer outra pessoa na multidão.

Essa é uma afirmação e tanto. Smith nos diz, então, que, se fizermos bem nosso trabalho e assumirmos completamente a perspectiva de um espectador imparcial de nós mesmos, passaremos a perceber que não temos motivos para nos considerarmos melhores do que os outros. Pois bem, ao dizer isso, Smith sabe que está pedindo muito de nós. Ele mesmo, afinal, disse-nos lá no início de seu livro que estamos programados para pensar que nosso próprio eu e nossas próprias necessidades vêm em primeiro lugar. Ele também nos disse que o mundo recompensa de maneira diferente as pessoas com status distintos, derramando rios de reconhecimento sobre a elite enquanto neglicencia os oprimidos. Portanto, Smith sabe, talvez melhor do que qualquer outra pessoa, com o que está lutando ao fazer essa afirmação — e que, provavelmente, é porque ele a denomina "essa lição de moral, a mais dura de todas".[1] É claro que o simples fato de uma lição ser dura não a torna indigna de ser aprendida. Então por que Smith acredita que precisamos aprender essa lição em especial?

Para ajudar nossa mente a digerir isso, gostaria de evocar a sabedoria de minha avó. Ela não era acadêmica, muito menos tinha formação universitária, e tenho plena certeza de que nunca tenha lido Adam Smith. Mas ela entendia tão bem como qualquer pessoa o que ele está buscando aqui. Ela mostrava isso em algo que sempre dizia a seus filhos, geralmente balançando o dedo: "Ninguém é melhor do que você, e você não é melhor do que ninguém!"

A primeira parte da exortação de minha avó certamente foi moldada pela experiência de ter vivido em uma família de imigrantes em um novo país, onde não faltava gente se achando superior a você. Nesse contexto, acreditar que ninguém é melhor do que você é afirmar a convicção de sua dignidade inerente, dignidade que transcende as desigualdades. É um serviço crucial feito por essa exortação. Porém, essa também é a parte fácil de ser abraçada. A parte mais difícil é a segunda: aceitação de que você não é melhor do que ninguém. Afinal, isso é algo muito diferente do que tendemos a dizer às crianças atualmente, especialmente quando lhes dizemos que elas são especiais. Veja, não estou dizendo que isso esteja errado — acredito muito que cada criança seja realmente especial. Ao mesmo tempo, há um mundo de diferença entre achar que você é especial e achar que é melhor do que os outros; suspeito que essa nuance esteja perdida na maioria das crianças que ouve que são especiais (para não mencionar os adultos nos quais essas crianças se tornarão).

E por que tudo isso tem qualquer importância para quem está tentando descobrir como viver a vida da melhor forma? Em primeiro lugar, a dura lição de Smith nos ensina uma verdade que provavelmente soa desagradável de início, mas que tem potencial de ser libertadora. É precisamente que nós *não* somos especiais. Certamente de tão longe de sermos especiais, em todas as coisas que realmente importam, acaba que somos apenas o outro lado da multidão, com nada mais de especial do que qualquer outra pessoa. A parte desagradável desse pensamento é óbvia: isso é humilhante. Certamente é humilhante, quase da mesma forma que é enaltecedor, dizer a uma criança que ela é especial. Mas os seres morais maduros, pensa Smith, precisam muito ouvir e abraçar a lição oposta — a lição do espectador imparcial, apresentada, como ele diz, com "uma voz capaz de deixar estupefatas as nossas mais presunçosas paixões". Talvez não nos agrade ficarmos de tal modo estupefatos. No entanto, por mais que essa voz seja desagradável e estarrecedora, ela apenas nos possibilita superar as "falsas representações do amor de si", para, então, abraçarmos "nossa verdadeira pequenez, e de tudo o que nos diz respeito".[2]

Smith está nos pedindo para fazermos algo que não é apenas desagradável, mas também difícil. Nas palavras dele, o objetivo é que o indivíduo aprenda a "tornar humilde a arrogância de seu amor de si, reduzindo-o a algo que os outros possam aceitar".[3] O que torna isso tão difícil para nós é que essa humilhação vai contra a natureza de nosso amor-próprio. Portanto, não basta meramente termos determinados pensamentos ou nos comprometermos com determinados tipos de princípios de forma abstrata. O autocontrole real, insiste Smith, requer mais do que os "abstrusos silogismos de uma dialética sofística". Pelo contrário, ele demanda nossa vontade para nos sujeitarmos a certa "disciplina" e, especificamente, a disciplina de nos enquadrarmos conscientemente à perspectiva do espectador imparcial.[4] Se não ficou claro antes, certamente agora temos a certeza de que a filosofia de Smith não é teórica, mas que considera a vida como um campo de treinamento, no qual somos testados continuamente.

Com isso estabelecido, passemos do que é difícil e doloroso para o que pode transformar esse grande esforço e treinamento em algo que valha a pena para nós. Foi exatamente o que quis dizer há pouco, quando mencionei que há um sentido no qual a percepção de que somos apenas um na multidão não é apenas difícil e humilhante, mas também libertador. O ponto essencial aqui é que o espectador imparcial, mesmo que fale, às vezes, com uma voz que é difícil de escutarmos, permite-nos ver a nós mesmos de uma nova maneira. Antes de nos tornarmos nossos próprios espectadores imparciais, tínhamos a tendência de ver o mundo pela lente do amor-próprio. Isso mostra dois efeitos. Primeiro, ao vermos a nós mesmos e ao mundo pela lente do amor-próprio, tendemos a magnificar a importância de tudo que nos diz respeito — geralmente ao ponto de hiperbolizarmos nossas preocupações. O resultado não é apenas que, muitas vezes, nos fazemos sofrer muito com preocupações e ansiedades desnecessárias. Também há uma segunda implicação. Quando o amor-próprio engrandece nossa autopreocupação, ele exclui os outros e suas preocupações de nossa visão. Encerrados em nós mesmos e em nossa vida, achando que somos muito importantes, impedimo-nos de ver o que é importante para os outros. É desse confinamento que o espectador imparcial nos liberta. Quando abraçamos nossa "verdadeira pequenez", não apenas nos permitimos abrir mão de nós mesmos, como também a nos abrirmos para os outros de modo que nos permita ver o que importa para eles e, certamente, em última instância, por que eles próprios são importantes.

Por fim (e talvez o mais importante, considerando nossa questão), quando abraçamos nossa verdadeira pequenez, também passamos a ver mais claramente nosso objetivo estabelecido ao vivermos a vida. Muitas pessoas, como Smith já teve a oportunidade de destacar, vivem suas vidas em busca de algum tipo de grandeza — riqueza, poder ou status. Porém, acreditar em nossa "verdadeira pequenez" e aceitá-la significa desistir para sempre da busca inútil dessas grandezas. Nossa pequenez não é algo que possa ser remediado pela grandeza em qualquer uma dessas coisas. Entretanto, qual caminho de vida, que tipo de grandeza é adequado a alguém que tenha aceito a verdade de sua pequenez, mas que quer viver a melhor vida possível?

19

*

"A diferença de talentos naturais em pessoas diferentes é
muito menor do que pensamos."

*Ou: por mais difícil que seja admitirmos isso,
a natureza nos fez mais ou menos iguais.*

Na citação do capítulo anterior, Smith nos mostrou como o espectador imparcial nos ensina uma lição dura, porém necessária: que somos iguais aos
outros – nem melhores, nem piores. Na citação deste capítulo, ele dá um
passo além. Na realidade, essa lição muito dura, porém necessária do espectador imparcial é nada mais, nada menos do que aquilo que a natureza sempre planejou para nós. A questão que Smith quer deixar muito clara nesse ponto é: por mais que as pessoas pareçam ser diferentes — e por
mais talentosas que algumas pareçam ser, se comparadas a outras —, a
verdade é que essas diferenças parecem "não provir tanto da natureza, mas
antes do hábito, do costume, da educação ou formação".

Para explicar sua ideia, Smith compara "um filósofo" a um "carregador comum da rua". Ele escolhe esses personagens porque acredita parecerem ser as "personalidades mais diferentes" aos olhos da maioria das
pessoas. Sempre que leio esse trecho penso em meu pai. Ele sabia muito, tanto sobre o mundo dos operários como dos funcionários adminis-
trativos, e gostava de dizer quanto é possível saber sobre um homem apenas ao analisar a condição de suas mãos. É o tipo de observação que

Smith causa aqui. Ele sabe que geralmente classificamos e julgamos as pessoas por sua aparência e ocupação. Mas seu objetivo não é dizer se isso está certo ou errado. Seu foco é garantir que esses julgamentos habituais não nos ceguem para a verdade que diversas pessoas — especialmente as que estão no topo — muitas vezes não querem admitir. A verdade, como Smith coloca, é que, no nascimento e, até mesmo, "durante os seis ou oito primeiros anos" de sua vida, o futuro filósofo e o futuro carregador eram tão similares que "nem seus pais, nem seus companheiros de folguedo eram capazes de perceber nenhuma diferença notável". Apenas quando os efeitos "do hábito, do costume e da educação" começaram a fazer efeito, passaram, então, a parecerem ser diferentes. Com o passar do tempo, explica Smith, o hábito, o costume e a educação causaram essa diferença, a ponto de que "o filósofo dificilmente se disporá a reconhecer qualquer semelhança*" entre si mesmo e o carregador.[1]

É uma afirmação muito forte. Por que isso era tão importante para Smith? E por que poderia ser importante para nós? Acredito em sua importância por alguns motivos. Primeiro, ela mostra que Smith não estava acima da autocrítica. Em pontos diferentes de sua obra, ele critica determinados tipos de empresários e de políticos. Apesar disso, ele não deixou a própria profissão fora dessa análise. Longe disso: com todas as profissões do mundo para escolher, ao pegar uma como exemplo de alguém cuja vaidade o leva a se considerar melhor do que os outros, o outrora professor de filosofia moral na Universidade de Glasgow escolheu um filósofo. Preciso dizer que admiro isso: pelo que diz a respeito de Smith e por como ele captura tão bem o vício característico de nós, acadêmicos. Max Weber, muito posteriormente, denominaria a vaidade como a "doença ocupacional" dos acadêmicos, mas é algo do qual Smith já sabia há muito tempo.[2]

Weber, no entanto, não é o único na história da filosofia a escrever sobre essa ideia. Às vezes me pergunto se talvez Smith não tivesse em mente alguns desses outros casos. Por exemplo, em uma passagem bastante co-

---

* [N. T.] No original em inglês da obra *A Riqueza das Nações*, lê-se: "*the vanity of the philosopher*"; ou seja, é a *vaidade* do filósofo que o indispõe a reconhecer qualquer semelhança com o carregador.

nhecida de *A República de Platão*, Sócrates explica que, em uma cidade ideal, as pessoas precisarão ser ensinadas sobre o que ele denomina uma "mentira nobre". Há, na verdade, diversas partes dessa mentira, mas a parte relevante para nós é quando Sócrates diz que os cidadãos da cidade ideal deveriam ser levados a crer que nasceram com certo tipo de metal em sua alma, sendo que aqueles cujo metal é ouro foram escolhidos pela natureza para serem melhores do que aqueles cuja alma leva um metal de ferro.[3] Pois bem, o que Sócrates muito diretamente classifica como uma mentira, vários filósofos (e outros), ao seguir seus passos, aceitaram uma verdade que os autoexalta, que justifica a ideia de que algumas pessoas são, de certa forma, naturalmente superiores a outras. Smith claramente vai contra tudo isso ao insistir que os seres humanos são, na verdade, naturalmente iguais em termos de talentos e habilidades.

A afirmação de Smith quanto à igualdade entre os seres humanos, portanto, distancia-o de Platão e Sócrates. Por outro lado, aproxima-o de nosso mundo. A citação sobre a qual nos concentramos neste capítulo é a segunda de duas citações extraídas de *A Riqueza das Nações*. Sendo um livro, como sabemos, de 1776, essa citação me faz lembrar outro documento assinado naquele mesmo ano e que também tinha algo notável a dizer sobre a igualdade natural entre os seres humanos. Quando Thomas Jefferson e os outros redatores da Declaração de Independência dos EUA proclamaram que é "autoevidente que todos os homens são criados iguais", eles assumiram uma posição alinhada com a de Smith. Tanto Smith quanto os Fundadores concordam que existe certa igualdade natural entre os seres humanos que nos marca como merecedores de um tratamento decente e digno, ao mesmo tempo que ilegitima certos tipos de comportamentos humanos.

Há, ainda, uma diferença sutil, porém importante, entre a afirmação de Jefferson e a de Smith. A Declaração sugere que a igualdade entre os seres humanos fica mais evidente pelo fato de que todos são "dotados pelo Criador de certos direitos inalienáveis". No entanto, Smith sugere que a igualdade entre os seres humanos fica evidente pelo fato de que todos recebemos, de modo geral, "talentos naturais" iguais. Os talentos são diferentes dos direitos, é claro. E focar os talentos — especificamente a questão das maneiras pelas quais os seres humanos que nasceram com direitos iguais tornaram-se tão diferentes no percurso de seu desenvolvimento — pode levar as pessoas interessadas na questão de viver bem a vida a se perguntarem como se tornaram o que são. Aquelas que foram especialmente afortunadas podem se perguntar quem merece o crédito por seus sucessos. Serão nossos pais, pelos genes que nos passaram? Seremos nós mesmos os merecedores, pelo trabalho duro que nos permitiu avançar? Talvez nossos professores o merecem, pelo esforço dedicado em nossa educação e crescimento? Ou talvez seja, ainda, apenas pura sorte: a loteria da vida colocou-nos em uma posição na qual tivemos mais chances de prosperar do que outras pessoas que nasceram em outras posições?

Sentimo-nos bem ao dizer a nós mesmos que conquistamos o sucesso por meio de nossos próprios esforços. Mas Smith, ao enfatizar o papel externo do "costume, do hábito e da educação" nessa questão, dá-nos motivos para pensarmos que os bem-sucedidos não são, então, os mestres de seus destinos, como geralmente pensam. Refletir sobre isso pode até levar os afortunados a se enxergarem de forma um pouco mais humilde, assim como levar os menos afortunados a se enxergarem de forma um pouco mais generosa. Sobre essa questão, esse tipo de reflexão pode ser de grande ajuda ao espectador imparcial em seus esforços de nos ensinar "a mais dura de todas as lições de moral".

20

***

"Merecer, obter, saborear o respeito e admiração dos homens são os grandes objetos de ambição e emulação. Dois diferentes caminhos nos são apresentados, levando igualmente à obtenção desse tão desejado objeto; um, pelo estudo da sabedoria e pela prática da virtude; outro, pela aquisição de fortuna e grande riqueza."

Ou: precisamos escolher entre o caminho admirado pelo mundo e o caminho menos percorrido.

Está na hora de começarmos a tomar algumas decisões. Smith fez várias afirmações até agora sobre quem somos e o que naturalmente precisamos e queremos. Ele também nos mostrou uma boa porção sobre nosso mundo e o que ele tende a dar como recompensa. Mas, à luz de tudo isso, especialmente à luz do fato de que os relógios de nossa vida não param, precisamos começar a tomar decisões e perseguir um ou outro caminho de vida.

Nessa adorável passagem, Smith apresenta, da forma mais clara possível, a escolha fundamental que precisamos tomar. Ao fazer isso, ele toma a liberdade de reduzir nossa escolha a duas opções. Na verdade, se você observar o parágrafo no qual se encontra a citação deste capítulo, verá como Smith está determinado a nos oferecer essas duas opções. O parágrafo todo em si tem uma estrutura binária, insistindo que, no fim, há apenas "dois diferentes caminhos", "dois diferentes caracteres", "dois modelos diferentes" e "dois retratos diferentes" dentre os quais temos que escolher.[1] Então quais são eles e qual escolheremos?

O segundo caminho é mais percorrido. É aquele trilhado pelos "ricos e grandes", os ambiciosos pelas recompensas que o mundo tem a oferecer. Smith, é necessário dizer, não pinta esse mundo com as cores mais atrativas. Afinal, é um mundo de "orgulhosa ambição e ostentosa avidez", populado pelos tipos de caracteres que são "vistosos e brilhantes" em sua aparência.[2] A essa altura, conhecemos esse tipo — tanto pelo que Smith nos disse, como por viver nesse mundo e manter os olhos abertos. São as pessoas presunçosas — que, talvez exatamente por isso, tendem a ser aquelas que estão em posições de autoridade. Vemos isso principalmente na política: um mundo no qual, nas palavras de Smith, o vencedor de uma eleição é geralmente apenas "qualquer estúpido que não alimente dúvidas quanto às suas próprias qualificações".[3] Contudo, não é minha intenção aqui dar um golpe baixo nos políticos. A questão central é que essa autoexaltação que geralmente nos parece tão vulgar e repugnante é, muitas vezes, exatamente o que permite que seus detentores sejam bem-sucedidos. Smith é muito claro com relação a isso: "grande êxito no mundo, grande autoridade sobre sentimentos e opiniões da humanidade, raramente foram obtidos sem algum grau dessa excessiva admiração de si". No fim das contas, é exatamente essa "excessiva presunção" que "ofusca a multidão e muitas vezes prevalece até mesmo sobre os que são muito superiores à multidão".[4]

Para qualquer pessoa que esteja tentando entender a política atual, faz muito tempo que ela nos dá algo sobre o que pensar. No entanto, qual é o significado de tudo isso para nossas preocupações com relação a viver a vida? Para descobrir, precisamos analisar o outro caminho descrito por Smith: não o caminho da riqueza e da grandeza, mas do "estudo da sabedoria e da prática da virtude". Independentemente do que possa ser, esse é o oposto exato do caminho trilhado pelos ambiciosos, em busca de riquezas e grandeza. Enquanto o outro caminho é de orgulho e ostentação, esse é de "humilde modéstia e justiça equitativa". Onde o outro é "vistoso e brilhante", esse é "mais correto e mais sutilmente belo". E, talvez o mais importante, onde os viajantes daquele caminho impõem-se "a todo olho errante", os que desejam seguir o segundo caminho provavelmente se verão "atraindo a atenção de quase ninguém, senão do observador mais atento e cuidadoso". Enfim, informa-nos Smith, é apenas um "grupo seleto, mas [...] pequeno, os verdadeiros e constantes admiradores da sabedoria e da virtude" — grupo ofuscado pela "grande multidão de homens [...] constituída de admiradores e veneradores" da fortuna e da grandeza.

Portanto, esse segundo caminho é claramente o menos percorrido.[5] Mas quais são as razões para crermos que o caminho menos percorrido é o melhor? Alguns detalhes merecem nossa atenção nesse sentido, alguns dos quais fazem referência a temas levantados em capítulos anteriores. Primeiro, lá no capítulo 8, vimos como a tranquilidade é necessária para a felicidade. Sendo assim, o segundo caminho, em sua obscuridade, parece mais propenso do que o primeiro a nos guiar até a tranquilidade, com sua grandeza e presunção vistosas nas aparições públicas. Em segundo, no capítulo 13, vimos como o amor é necessário para a felicidade. Sendo assim, o segundo caminho, dedicado como é à prática da virtude, parece mais propenso do que o primeiro a nos angariar o amor dos outros, com sua ênfase no amor-próprio. No entanto, o mais importante é que, conforme apresentado na conclusão do capítulo 18, o primeiro caminho, o mais percorrido, é adequado aos que buscam grandeza, como esta é compreendida de modo convencional. Contudo, esse não é um caminho disponível para os que se tornaram, graças ao espectador imparcial, convencidos de sua "verdadeira pequenez". Para estes, (quero dizer, "para nós"), uma vez convencidos de que somos realmente apenas um na multidão, a grandeza que buscamos não pode ser mensurada ao compararmos nós mesmos e nossas realizações com as dos outros. Isso é, obviamente, o objetivo pelo qual aqueles competidores por fortuna e reconhecimento dedicaram sua vida. Os viajantes do outro caminho, no entanto, precisam de outro padrão, muito diferente, por meio do qual mensurar seus progressos — padrão ao qual retornaremos posteriormente.

Por ora, então, vamos presumir que Smith esteja certo e que teremos mais chances de obter os bens mais necessários para a felicidade se seguirmos o caminho menos percorrido, do "estudo da sabedoria e da prática da virtude". Isso nos deixa com, pelo menos, duas perguntas a que precisaremos responder. Primeira: o que diacho significa "sabedoria" e onde exatamente a encontramos? Segunda: o que é "virtude" exatamente e por que ela é tão importante para nós, se quisermos viver a melhor vida possível?

21

$\ast$

"O homem mais perfeitamente virtuoso, o homem a quem naturalmente mais amamos e reverenciamos, é o que associa ao mais perfeito controle de seus sentimentos originais e egoístas a mais refinada sensibilidade para os sentimentos originais e solidários dos outros."

Ou: a perfeita virtude requer que desenvolvamos dois tipos de virtude.

O caminho mais percorrido é o da fortuna e da grandeza. O caminho menos percorrido é de sabedoria e virtude. Porém, o que exatamente significa ser sábio e virtuoso? Smith inicia-nos a essa questão ao descrever o "homem mais perfeitamente virtuoso". É aqui que ele começa a definir o que é a virtude. Mas, obviamente, ele o faz de modo muito interessante. A maioria das pessoas, ao definir termos e conceitos, tenta explicá-los. Smith, no entanto, está menos focado na explicação e mais na demonstração; ele define a virtude ao desenhar para nós um retrato de um tipo particular de pessoa. Então quem é esse "homem mais perfeitamente virtuoso" e o que exatamente o torna tão especial?

A primeira coisa a ser observada é que essa pessoa não é apenas comumente boa, mas, sim, "mais perfeitamente" virtuosa. Smith, como se vê, não é nada tímido no uso da palavra "perfeitamente". Isso o diferencia da maioria dos filósofos morais da atualidade, que geralmente não fica tão confortável com o tema perfeição. É a linguagem da filosofia antiga, que concebia o ser humano como tendo um propósito específico. Nesse aspecto, a perfeição é alcançar ou cumprir nosso objetivo final natural. Smith não é exatamente um pensador teleológico nesse sentido, pois, mesmo que acredite, de fato, que somos "feitos para" algo (como vimos no capítulo 3), ele não acredita que há apenas uma maneira específica que deve ser adota por todos os seres humanos ao fazerem o que foram projetados para fazer, caso queiram atingir a perfeita virtude. Porém, o que é de maior relevância por ora é o fato de que, aqui e em outros lugares, Smith adota o termo "perfeito". Portanto, somos compelidos a perguntar: o que exatamente significa falar de perfeição se também não compramos a ideia teleológica? Como devemos mensurar a perfeição se não temos acesso a determinado grau de visão da finalidade natural ou do propósito de um ser humano? Não acredito que essa seja uma pergunta a que possamos responder ainda, mas é importante e precisamos deixá-la em aberto.

Uma segunda questão que também vale a pena mencionar refere-se aos termos da linguagem usada por Smith sobre a virtude. A virtude é outro conceito que geralmente acabamos associando mais aos filósofos morais antigos do que aos modernos. Seria errado sugerir que os filósofos modernos tenham desistido da virtude; a ressurgência do que passou a ser conhecido como "ética das virtudes" é suficiente para desvendar essa mentira.[1] Ao mesmo tempo, quando os eticistas falam sobre virtude atualmente, alguns deles muitas vezes têm em mente algo mais parecido com as habilidades ou forças de caráter do que com a categoria de excelência total, sobre a qual os antigos estudos a respeito da virtude, como enfatizado em *Mênon*, de Platão e em *Ética a Nicômaco*, de Aristóteles. Mas esse é outro ponto em que Smith é menos vanguardista. Sob esse entendimento, a virtude não é apenas uma virtude ou uma força. É mais que isso. "A virtude é excelência", Smith nos diz, "algo excepcionalmente grande e belo, que se eleva muito acima do que é vulgar e ordinário".[2] Também não é assim que os filósofos modernos costumam falar e, certamente, ao evocar essas categorias de excelência, bela e transcendental, Smith novamente faz uso de uma linguagem antiga.

Só que tudo isso ainda é introdutório à questão principal. Não há nada de errado em dizer que uma pessoa de perfeita virtude tem certo tipo de nobre excelência. Porém, o que exatamente a distingue como nobre? Há algo específico que ela é ou faz — algo que, em nosso próprio direito, possamos ser ou fazer se esperamos participar de tal excelência? Para essa finalidade, Smith delineia dois atributos específicos dessa pessoa. Ao fazer isso, ele muda levemente a questão — mais distante da categoria abstrata da "virtude", no singular, aproximando-se da categoria mais concreta das "virtudes", no plural.

Nesse sentido, a questão central de Smith é que uma pessoa da mais perfeita virtude é definida por ter o que, em outro lugar, ele chama de "dois grupos diferentes de virtudes".[3] Na frase imediatamente depois da citação deste capítulo, ele deixa claro exatamente quais são esses dois conjuntos de virtude. Aqui, ele diz que a pessoa que "deve ser, sem dúvida, o objeto apropriado e natural de nosso maior amor e admiração" é aquela que "às virtudes doces, amáveis e gentis, associa todas as grandes, veneráveis e respeitáveis virtudes". O objetivo de Smith é dividir as virtudes em duas classes. Em uma, temos as virtudes relacionadas ao relacionamento com nós mesmos. Seu propósito é diminuir nossa sensibilidade com relação a nós mesmos e, dessa forma, ajudar-nos a obter o comando e o controle de nossos "sentimentos egoístas". A essas virtudes ele chama "veneráveis virtudes" — veneráveis, ou terríveis*, no sentido de que exigem que exerçamos disciplina severa e intransigente sobre nós mesmos. Na outra classe, estão as virtudes relacionadas às maneiras com que nos relacionamos com os outros. Assim como as virtudes veneráveis diminuem nossa sensibilidade com relação a nós mesmos, o segundo tipo de virtudes objetiva aumentar nossa sensibilidade aos outros e são "amáveis" na medida em que encorajam "sentimentos solidários".[4]

É muito fácil compreender como Smith dividiu as virtudes. Mas por que ele as divide precisamente nessas categorias? A história de fundo trata de sua visão sobre a dinâmica entre os atores e espectadores que define a vida moral e a tomada da decisão moral. Estamos, acredita Smith, constantemente engajados em trocas de solidariedade com os outros ao nosso redor; quando agimos de determinada maneira, antecipamos que aqueles que nos observam agindo assim vão (ou não) "partilhar" de nossa pers-

---

* *Awful*, no original. [N. do T.]

pectiva e se solidarizar conosco. E é claro queremos que essa solidariedade seja dada do modo pelo qual somos feitos. Então o que essas duas classes de virtudes fazem é maximizar as chances de que obteremos a solidariedade que desejamos ao nos colocarmos mais alinhados com a forma como os espectadores de nosso comportamento realmente se sentem quando nos veem. Quando exercitamos as virtudes veneráveis para diminuir o nível de nossos sentimentos egoístas, nos aproximamos dos sentimentos que os espectadores imparciais de nosso comportamento provavelmente sentem quando nos veem. Quando exercitamos as virtudes amáveis para intensificar os sentimentos que temos pelos outros, colocamo-nos em um nível mais alto e próximo do que os outros sentem por si mesmos. É daí que vem a afirmação de Smith de que "sobre esses dois diferentes esforços, do espectador para fazer seus os sentimentos da pessoa diretamente afetada, e o desta para rebaixar suas emoções até o limite em que o espectador é capaz de acompanhá-la, fundam-se dois grupos diferentes de virtudes".[5]

Porém, tudo isso apenas explica como a teoria de Smith a respeito das virtudes se encaixa em seu sistema mais amplo. Por que exatamente ela é importante para aqueles que estão preocupados em viver da melhor forma possível? Para entender isso, precisamos apenas compreender o que Smith está nos pedindo aqui. A visão de Smith quanto à excelência humana é um tanto quanto exclusiva. Muitos são os pensadores mundo afora que dão preferência a um tipo de virtude. Aqueles mais rigorosos tendem a gostar das virtudes veneráveis; eles admiram aqueles que declaram vitória sobre si mesmos — os que conseguem, graças ao rigor e à coragem, aguentar a dor e o desconforto que acompanham o sofrimento e o desejo não realizado. Aqueles que são sensíveis geralmente preferem as virtudes amáveis; eles admiram as almas gentis e compassivas, que conseguem suportar as dores sentidas pelos outros. No entanto, a visão de Smith sobre a virtude pretende combinar essas duas, na crença de que, por mais diferentes que possam ser, no fim das contas, não é possível ter uma sem a outra se realmente aspiramos ser o tipo de pessoa a quem "naturalmente mais amamos e reverenciamos".

22

⁎

"E daí resulta que sentir muito pelos outros e pouco por nós mesmos, restringir nossos afetos egoístas e cultivar os benevolentes, constitui a perfeição da natureza humana; e somente assim se pode produzir entre os homens a harmonia de sentimentos e paixões em que consiste toda a sua graça e propriedade."

Ou: nossa perfeição individual não é apenas boa para nós mesmos; também é boa para a sociedade.

Com essas palavras, Smith reprisa a lição do capítulo anterior — mas com uma pequena diferença. Aqui, ao nos mostrar o que é "a perfeição da natureza humana", ele reitera o que nos mostrou em seu retrato do "homem mais perfeitamente virtuoso", pois, novamente, a marca da perfeição é a minimização do egoísmo e a maximização da benevolência. As virtudes amáveis e veneráveis do capítulo anterior são reprisadas na insistência de Smith de que, se temos esperança de alcançarmos a perfeição, precisamos "sentir muito pelos outros e pouco por nós mesmos".[1]

Já sabíamos disso tudo. Mas o que essa explicação acrescenta à anterior é uma nova colocação sobre por que exatamente uma perfeição assim é boa. Para observar isso, precisamos relembrar os padrões que temos usado ao discutir sobre a bondade ao longo de nossa busca. Em relação ao desafio de viver a vida, a bondade, como vimos, tem dois componentes: bom para si e bom para os outros. Assim, como exatamente essa "perfeição da natureza humana" é boa em ambas as formas? No capítulo anterior, vimos que ser perfeito, na forma de perfeição descrita por Smith, é bom para nós na medida em que ela nos torna "o objeto apropriado e natural" de amor e admiração dos outros. Smith mais uma vez quer dizer, nessa parte, que uma pessoa de virtude perfeita, mesmo que nem sempre receba o amor e a admiração dos outros, ainda é a pessoa mais merecedora de seu amor e admiração. E, como vimos, desejamos acima de tudo o merecimento do qual nossa real felicidade depende.

A autoperfeição, no entanto, não é apenas boa para nós mesmos: também é boa para os outros. Isso é o que Smith acrescenta ao que já vimos, algo que é crucial. Nesse sentido, sua questão principal é que, quando aperfeiçoamos nossa natureza ao adotarmos as virtudes que nos habilitam a sentirmos tanto pelos outros e tão pouco por nós mesmos, também promovemos a perfeição da sociedade. Isso evidencia-se na afirmação de que esse tipo específico de perfeição individual produz na sociedade uma "harmonia de sentimentos e paixões". Além disso, Smith insiste não apenas que a perfeição dessa qualidade fomenta a harmonia na humanidade, mas que "somente assim" é possível produzir tal harmonia. De qualquer modo, o ponto central é que não é apenas o indivíduo que se beneficia com a busca da autoperfeição, mas a humanidade.

É uma afirmação impactante, e precisamos refletir um pouco sobre ela. É impactante, em partes, por sua insistência em que a autoperfeição e a perfeição da humanidade andam de mãos dadas; ao sugerir isso, Smith traz à cena uma boa quantidade de pensamento de soma zero, onde há apenas uma opção. Mas ainda mais impactante é a sugestão dele de que a vida social, em sua melhor condição, é definida por uma "harmonia de sentimentos". Isso é muito diferente de como nós, herdeiros diretos de sua visão liberal, tendemos a compreender a boa sociedade. Dizemos que a boa sociedade é aquela na qual a liberdade é maximizada, a igualdade é garantida ou a justiça é assegurada. E nós que valorizamos esses ideais geralmente professamos que estamos dispostos a lutar por eles, mesmo que signifique irmos contra um consenso popular e causar problemas. Entretanto, Smith abre aqui uma visão totalmente diferente da perfeição social, uma que se move em uma direção diferente daquela, pelo menos em partes, em que nos acostumamos a acreditar. Sendo assim, teremos que decidir sozinhos até onde queremos segui-lo, priorizando a "harmonia" da sociedade e, de fato, a "graça" que é possibilitada por essa harmonia. Mas ao vivermos como fazemos em um momento em que nossa sociedade está mais dividida e separada e menos harmoniosa do que há um bom tempo, talvez agora seja um bom momento para perguntarmos se não poderia haver algo na visão de Smith sobre uma sociedade de harmonia e graça que possa suplementar, se não suplantar, de forma proveitosa a sociedade dedicada às afirmações agonísticas dos direitos e reconhecimentos.

Seja como for, Smith deu um passo importante no sentido de nos oferecer uma instrução proveitosa sobre nossa questão central. Estamos buscando uma única vida que seja boa tanto para nós como para os outros e, em suas representações da pessoa de uma perfeita virtude e, também, da perfeição da natureza humana, ele buscou nos dar uma visão dessa vida. Ao mesmo tempo, algumas pessoas podem estar incomodadas com uma questão remanescente. Todo esse papo de perfeição — o que exatamente o justifica? Já sabemos que Smith não está falando sobre a perfeição do mesmo modo que os antigos fizeram. Assim, como exatamente ele está usando esse termo? E talvez ainda mais importante, ele realmente acredita que a perfeição é algo que as pessoas podem verdadeiramente alcançar?

Smith trata dessas questões ao descrever, em dois pontos diferentes em *Teoria dos Sentimentos Morais*, o que exatamente significa "perfeição". Em sua explicação, a perfeição pode ser compreendida de duas formas, empregando "dois padrões diferentes". O primeiro relaciona-se com a ideia da "perfeição absoluta" ou "completa conveniência e perfeição". E essa, ele diz, é uma perfeição que "nenhuma conduta humana jamais pôde ou poderá alcançar". Porém, o segundo sentido da perfeição trata "daquele grau de aproximação ou distanciamento dessa completa perfeição, usualmente alcançada pelas ações da maioria dos homens" — "cujo grau de excelência é comumente alcançado nessa arte específica" em vários esforços humanos.[2] Pois bem, diversos fatores são dignos de nota nessa explicação sobre a perfeição. O primeiro é que Smith não acredita que a "perfeição absoluta" seja humanamente possível. Então, ao falar sobre a pessoa "mais perfeitamente virtuosa" ou sobre a "perfeição da natureza humana", na medida em que esteja falando especificamente sobre a virtude *humana*, não é possível que ele esteja falando sobre a perfeição no primeiro sentido, o absoluto, mas, sim, sobre o segundo: o tipo de perfeição que é realmente alcançável pelos seres humanos. Muito embora Smith acredite que não seja possível nos tornarmos perfeitos no primeiro sentido, ainda precisamos garantir que nunca percamos de vista esse primeiro tipo de perfeição, ao limitar nossa visão apenas para o segundo tipo. Para entender o porquê disso, precisamos nos voltar à sua descrição da pessoa mais bem-sucedida no projeto de viver a vida: aquela que, nas palavras dele, leva a natureza humana até "o mais alto grau de perfeição", representando "a extrema perfeição de todas as virtudes intelectuais e morais" — aquela pessoa que, acima de tudo, incorpora "a mais perfeita sabedoria combinada com a mais perfeita virtude".[3]

23

✦

"O homem sábio e virtuoso dirige sua principal atenção para o primeiro padrão — a ideia da exata conveniência e perfeição."

Ou: a sabedoria do sábio e virtuoso está em sua visão sobre a perfeição.

Chegou a hora da atração principal. Smith vem descrevendo, de variadas formas, os tipos de coisas que uma boa vida nos demanda a pensar, fazer e ser. Mas agora chegou o momento de ele nos mostrar exatamente como é essa vida. Ele faz isso em seu retrato sobre o que chama de "o homem sábio e virtuoso".[1] Essa pessoa sábia e virtuosa é, em um sentido real, a representação máxima de sua ética, a quem nós, leitores, somos desafiados a emular em nossos próprios caminhos em nossa vida. Mas o que exatamente faz essa pessoa ser tão especial?

O próprio nome do homem sábio e virtuoso é uma pista sobre o que o faz ser tão admirável. Essa pessoa distingue-se por ter tanto a sabedoria quanto a virtude. E isso já é uma realização por si só. Filósofos antigos, como Platão e Aristóteles, com frequência distinguiam a vida de sabedoria incorporada pelos filósofos com base na vida da virtude ética, incorporada pelos bons cidadãos. Até mesmo os pensadores de nossa época continuam a fazer essa distinção, enfatizando a diferença entre *vita completiva* e *vita activa*.[2] Só que Smith rejeita essa divisão. Para ele, a verdadeira excelência não está na escolha entre as duas coisas, mas em uma combinação delas. A pessoa sábia e virtuosa é precisamente aquela cuja virtude influencia sua sabedoria e cuja sabedoria influencia sua virtude.

Ao mesmo tempo, não podemos ver exatamente como a sabedoria e a virtude funcionam juntas, até termos uma ideia do significado de cada uma de forma individual. Neste capítulo, procuro abordar a ideia da virtude dessa representação máxima e como ela é influenciada por essa sabedoria. Porém, é suficiente tentar definir apenas a sabedoria; então que essa seja nossa tarefa no restante do capítulo.

Em que exatamente consiste, então, a sabedoria da pessoa sábia virtuosa? A citação deste capítulo sugere que ela está na atenção resoluta dessa pessoa em um conceito que já vimos: especificamente, a ideia do que Smith denominou anteriormente de "perfeição absoluta". Lembremo-nos de que, na crença de Smith, há dois tipos de perfeição: a perfeição absoluta, que qualquer atividade humana jamais alcançará, e a perfeição relativa, que distingue o melhor das atividades reais das pessoas. A pessoa sábia e virtuosa está consciente do segundo padrão, mas não é ele que ocupa sua "principal atenção". Pelo contrário, é no "primeiro padrão" que seus olhos estão fixados.

Isso suscita diversas questões. Primeira, como exatamente essa pessoa sabe o que é essa "exata conveniência e perfeição" ou perfeição absoluta? Afinal, Smith fez um belo esforço para nos dizer que esse é um nível que nenhuma conduta humana jamais chegou a alcançar. Portanto, onde exatamente o homem sábio e virtuosos obtete tão nobre ideia sobre a qual ele organiza sua vida? A resposta de Smith é incrível. É ainda mais incrível quando ele mostra como ela se difere de outras explicações sobre onde obtemos a ideia de perfeição. Considere a filosofia antiga. Platão, por exemplo, celebremente ensinou que havia, em um mundo acima do nosso, "formas" que representam vários tipos de perfeições, e isso exigia determinado tipo de iluminação divina ou gênio filosófico para que pudéssemos ver. O cristianismo tem uma ideia diferente da perfeição, é claro, mas também ensina que, se temos esperança de ver a perfeição, então precisamos de revelação, um dom da graça que traz vista aos cegos e que nos habilita a testemunharmos uma perfeição que transcende as coisas deste mundo. Porém, o homem sábio e virtuoso de Smith escolhe uma rota diferente. A perfeição que ele vê não é uma que está "lá em cima", exigindo uma revelação especial para ser vista, mas uma que é, de fato, algo bem do nosso mundo "aqui de baixo" — e, certamente, em dois sentidos.

Primeiro, longe de insistir que a ideia dessa nobre perfeição é concedida apenas para poucos, Smith diz que realmente "existe no espírito de todo homem uma ideia desse tipo". O que torna a pessoa sábia e virtuosa única, portanto, não é o simples fato de ela ter essa ideia — afinal, ela está em "todo homem" —, mas o esforço investido em desenvolvê-la.

Isso nos leva a um segundo sentido, pelo qual sua ideia de perfeição é algo do mundo "aqui de baixo". Sua ideia de perfeição, muito distante de ser obtida por transcender este mundo, é o resultado de sua observação e indução cuidadosas das coisas deste mundo. Smith, de fato, enfatiza vividamente ao longo de toda a sua explicação o papel crucial de ser um espectador e observador. A ideia de perfeição do homem sábio e virtuoso, explica ele, é "gradualmente formada de suas observações sobre o caráter e conduta, tanto de si mesmo, como de outras pessoas". É necessário um "trabalho lento, gradual e progressivo" ao longo do tempo para desenvolvê-la: "todo dia melhora-se algum traço, todo dia corrige-se alguma falha". A questão principal aqui é que esse processo inicia-se com observações que "foram feitas com a mais aguda e delicada sensibilidade" e "o mais extremo cuidado e atenção". É essa observação cuidadosa e o estudo assíduo, e não a revelação ou o gênio filosófico, que habilitam a pessoa a formar "dela uma imagem muito mais correta" sobre a perfeição e, certamente, está "muito mais profundamente enamorado de sua singular e divina beleza" do que estarão outras pessoas.[3]

A perfeição à qual a pessoa sábia e virtuosa dirige sua atenção é, portanto, uma ideia que foi gerada, por assim dizer, de baixo para cima, em vez de ter sido dada de cima para baixo. Mas, mesmo que isso explique como e onde a pessoa sábia obtém essa ideia, não explica por que essa ideia é importante para o modo como uma pessoa sábia e virtuosa (ou alguém que aspira tornar-se sábio e virtuoso) vive sua vida. Smith acredita claramente que a sabedoria dessa categoria é muito importante, uma vez que muda nossa vida, certamente para sempre. Na realidade, essa sabedoria, muito longe de dispensar seus detentores da virtude ou permitir que se retirem aos silenciosos mundos da teoria ou da filosofia, é precisamente o que os habilita e, de fato, os compele, a viver vidas de virtude ativa. A sabedoria faz isso ao reformar fundamentalmente seus relacionamentos — tanto com os outros como consigo mesmo.

24

*

"Em suma, todo o seu espírito está profundamente marcado, todo o seu
comportamento e postura nitidamente estampados com o caráter da
sua verdadeira modéstia, de uma estima muito moderada de seu próprio
mérito, e, ao mesmo tempo, de um senso completo
do mérito de outras pessoas."

Ou: a virtude do sábio e virtuoso está em sua humildade e beneficência.

Já aprendemos sobre a sabedoria das pessoas sábias e virtuosas e como ela
pode ser encontrada na apreciação que elas têm pela perfeição. Porém,
como exatamente são virtuosas e o que sua virtude tem a ver com sua sabedoria, se é que há algo em comum? Ao desenvolver sua explicação sobre a
pessoa sábia e virtuosa, Smith responde a essas perguntas, mostrando-nos
que a sabedoria por ele descrita decididamente não apenas molda a virtude, como o faz de duas formas — primeiramente, remodelando nossa relação com nós mesmos; depois, remodelando nossa relação com os outros.

Comecemos com a primeira categoria, a relação da pessoa sábia e virtuosa consigo mesma. Como já vimos, a sabedoria dessa pessoa a habilita a
gerar uma visão da perfeição absoluta com base em suas observações e reflexões a respeito da vida comum. Por si só, isso já é uma grande realização. Porém, é o que essa pessoa faz com essa visão que a torna não apenas
sábia, mas também virtuosa. Dito de modo simples, uma pessoa sábia e
virtuosa sabe que seu trabalho não terminou uma vez que tenha desenvol-

vido sua visão sobre a perfeição. É claro, seria difícil culpá-la mesmo se assim o fizesse. Se a essa altura tudo o que ela quisesse fosse ser deixada a sós para deleitar-se na beleza do que viu, muitas pessoas provavelmente diriam que foi merecido. Por meio de um esforço incrível, ela capacitou-se para ver algo que pouquíssimas pessoas jamais verão com tanta clareza. E imagine como o restante do mundo deve aparentar para uma pessoa que viu esse tipo de perfeição. Em comparação, o restante deve parecer feio e repulsivo, assim como acontece com aquele que se libertou da caverna na famosa alegoria de Platão.[1] Se você fosse essa pessoa, também não preferiria permanecer no mundo da perfeição e da beleza, em vez de ser compelido a voltar ao mundo da imperfeição e da feiura?

No entanto, é exatamente isso que a pessoa sábia e virtuosa faz. Muito distante da ideia de sentar-se eternamente com sua visão da perfeição absoluta, ela pega a visão da perfeição absoluta concedida por sua sabedoria e a leva de volta ao mundo real, usando-a como um padrão pelo qual julgar as coisas deste mundo. E o que é ainda mais notável é que, dentre as coisas deste mundo que ela julga dessa maneira, a que recebe sua maior atenção é ela mesma. Uma pessoa sábia e virtuosa esforça-se para ser um espectador imparcial de si mesmo, e ela está mais preocupada em aplicar o padrão da perfeição absoluta, para que possa avaliar onde está em relação a ele.

Reconhecemos que essa empreitada é dolorosa. Pode ser até mais dolorosa do que o árduo processo de gerar essa visão sobre a perfeição, para começar. Quando usamos a perfeição como instrumento de medição e autoavaliação, Smith acredita realmente que "o mais sábio e melhor de nós nada pode ver em seu próprio caráter e conduta, senão fraqueza e imperfeição; não consegue descobrir fundamento algum para arrogância e presunção, mas inúmeras razões para humildade, remorso e arrependimento". Contudo, essa é uma tarefa da qual a pessoa sábia e virtuosa não se furta. Ela sabe que é muito boa no que faz e que, caso se satisfizesse em comparar-se com os outros, teria razões para orgulhar-se. Mas, tendo obtido um vislumbre da perfeição genuína, todo o projeto de comparar-se com os outros parece não ser mais interessante ou importante. A essa altura, não se obtém tanto prazer ou orgulho em uma comparação desse tipo, o que justifica a fala de Smith de que, para essa pessoa, "necessariamente a primeira comparação humilha-a muito mais do que jamais poderia elevá-la à segunda".[2*]

Assim, uma consequência da sabedoria da pessoa sábia e virtuosa é que essa sabedoria a ensina a "verdadeira modéstia" e "humildade". Tendo visto a perfeição, posteriormente ela sempre "recorda, preocupada e humilhada", quantas vezes "[afastou-se], desse modo, do modelo". A sabedoria, portanto, leva à virtude pela exclusão do orgulho e pela restrição do egocentrismo. Nesse sentido, a sabedoria da pessoa sábia e virtuosa complementa e completa o trabalho do espectador imparcial e das virtudes veneráveis. Mas a sabedoria dessa pessoa também modela sua relação com os outros.

Em seguida, temos a segunda forma pela qual a sabedoria complementa a virtude. Smith desenvolve seu argumento nesse sentido ao mostrar-nos exatamente como a visão de perfeição da pessoa sábia e virtuosa a faz repensar não apenas sobre a própria imperfeição, mas também a imperfeição dos outros. Observando que uma pessoa sábia e virtuosa "nunca está tão eufórica para lançar um olhar insolente aos que estão realmente abaixo dela", Smith nos diz que ela

> sente tão bem sua própria imperfeição, conhece tão bem a dificuldade para se aproximar da longínqua retidão, que não consegue olhar com desprezo a imperfeição, ainda maior, de outras pessoas. Longe de ser insultada pela inferioridade destas, divisa-a com a mais indulgente comiseração, e, por meio de seu conselho e de seu exemplo, está sempre disposta a promover o progresso delas.[3]

Definitivamente, então, uma pessoa sábia e virtuosa não desdenha da preocupação mais básica dos seres humanos em melhorar sua condição. É verdade que ela é indiferente à própria condição e não pensa muito a res-

---

* [N. T.] Optou-se por adaptar esta e as próximas citações para o feminino, levando-se em conta o uso do substantivo "pessoa", em vez de "homem", como está na tradução da obra de Smith em português, considerando-se o já exposto pelo autor nesse sentido.

peito de estar acima dos outros em termos de fortuna, status ou poder. Melhorar a condição das outras pessoas — lutando o tempo todo para "promover o progresso delas" — é, no entanto, um projeto de vida da pessoa sábia e virtuosa.

Em última instância, o que torna a pessoa sábia e virtuosa especial e única é como ela privilegia conscientemente os interesses dos outros, assim como o interesse da sociedade, acima dos próprios interesses. Smith é claríssimo a respeito disso: "a pessoa sábia e virtuosa", diz ele, "está disposta a sacrificar seu próprio interesse particular ao interesse público de sua própria ordem ou sociedade".[4] Ao fazer isso, ela é testemunha viva do grau com que leva a sério a voz e as lições do espectador imparcial, que a ensina que é não apenas "um no meio da multidão" e "não mais importante que qualquer um dentre essa", mas também que está "a todo momento obrigado a se sacrificar e devotar à segurança, ao favor e até à glória da maioria".[5]

Com isso, fica claro exatamente por que Smith acredita que essa vida é boa para os outros. A pessoa sábia e virtuosa, ao servir os outros e sempre lutar pelo bem-estar deles, vive uma vida que é boa para aqueles que convivem com ela, uma questão que dificilmente precisa de mais explicações. Mas a forma pela qual Smith transmitiu sua ideia deixa muito mais difícil vermos como exatamente a vida da pessoa sábia e virtuosa pode ser boa para ela mesma. Afinal, Smith acabou de pedir explicitamente que ela se "sacrifique" pelos outros — sacrificar o prazer de contemplar a perfeição para viver uma vida de serviço ativo, sacrificar a promoção dos próprios interesses, de modo a promover os interesses dos outros. Então, mesmo que esteja claro o que os outros ganham ao ter essa pessoa por perto, o que exatamente vale a pena para que essa pessoa viva essa vida?

25

*

> "Porém, embora um sábio extraia pouco prazer do louvor quando sabe que nada há para se louvar, frequentemente extrai o mais intenso prazer de realizar algo que sabe louvável, embora também não ignore que tal ação jamais receberá louvor algum."

*Ou: a recompensa da pessoa sábia e virtuosa
é o prazer da autoaprovação.*

O objetivo de nossa investigação é identificar a vida que seja ao mesmo tempo boa para si mesmo e para os outros. Smith, em sua investigação, identifica a vida do homem sábio e virtuoso como a melhor. Como essa vida é melhor para os outros fica muito claro: o homem sábio e virtuoso dedica sua vida para melhorar a condição dos outros. No entanto, como essa vida é boa para aquele que a vive? Como poderia realmente ser do interesse de alguém viver uma vida que exige o "sacrifício" do "interesse particular"? Aqui Smith nos dá sua resposta: obtemos não apenas "prazer" ao saber que somos merecedores de louvor, mas, de fato, obtemos o prazer "mais intenso".

Em seguida, temos o paradoxo de Smith: ao sacrificar nossos interesses, percebemos um interesse próprio mais profundo. Ou seja, somente se abdicarmos dos prazeres conhecidos e realizarmos um trabalho doloroso conseguiremos experimentar os prazeres mais intensos. Os prazeres e interesses sacrificados aqui, é claro, são os prazeres conhecidos da atenção, do reconhecimento e do louvor, que sabemos ser uma força motivadora para muitas pessoas. Essas não são preocupações dignas de uma pessoa realmente sábia: "demonstrar preocupação com o louvor, ou até com ações louváveis, raramente é marca de grande sabedoria, ao contrário, em geral revela algum grau de fraqueza".[1] Não é, portanto, a estima dos outros ou um desejo por recompensas e reconhecimento que leva um indivíduo genuinamente dedicado à sabedoria e à virtude a viver como o faz. Smith é explícito a respeito disso, ao insistir, na citação deste capítulo, que a resolução da pessoa sábia e virtuosa em agir como o faz não é diminuída nem mesmo ao saber que "jamais receberá louvor algum". Certamente, a "característica da mais elevada sabedoria e virtude" está especificamente em nunca permitir que a benevolência de nosso temperamento "seja enfraquecida ou desencorajada pela malignidade e a ingratidão dos indivíduos com quem possa ter sido praticada".[2]

No final do capítulo 14, nosso questionamento era sobre haver um lugar no pensamento de Smith para o amor sem a esperança de recompensa. Agora vemos que há: a pessoa sábia e virtuosa trabalha sem esperança de receber recompensa e ama mesmo sabendo que não será amada de volta. Mas por quê? O que leva alguém a continuar nesse caminho de vida — sempre trabalhando pelos outros, nunca se autopromovendo, sempre sabendo que ninguém jamais reconhecerá tudo isso? A resposta de Smith é que essas pessoas fazem isso porque se importam mais com sua autoaprovação do que com a aprovação dos outros. "Essa aprovação de si", portanto, "é o principal, senão o único, objeto" com o qual uma pessoa sábia e virtuosa se preocupa, pois certamente "o amor a ela constitui o amor pela virtude".[3] Ao pensarmos sobre isso, faz sentido. Alguém que dedicou toda a vida tentando entender a perfeição provavelmente não terá muito prazer pelos louvores das pessoas que nunca pensaram sobre isso; nem ficará muito preocupado pelas críticas dessas pessoas, mesmo quando direcionadas a ele. É por isso que Smith diz que "podemos ser mais indiferentes quanto ao aplauso e, em certa medida, desprezar a censura do mundo" se nossa autoaprovação nos tornar "seguros de ser, por mais que não nos compreendam ou nos interpretem mal, objetos naturais e adequados de aprovação".[4]

A vida de sabedoria e virtude provavelmente parecerá, para alguns, uma oportunidade perdida — uma vida de interesses abandonados e de prazeres renunciados. Mas isso se dá apenas porque muitas pessoas são capazes de julgar apenas pelas aparências. Se pudéssemos ver o real caráter das pessoas sábias e virtuosas, Smith acredita que veríamos que suas vidas as proveem não apenas o prazer e a consciência do merecimento de louvor, como também a tranquilidade e a liberdade da ansiedade que todos nós, segundo Smith, estamos buscando. "A desgraça e a miséria nunca podem entrar no peito onde vive a total satisfação consigo", ele nos diz.[5] No fim das contas, o que faz a vida da pessoa sábia e virtuosa valer a pena, então, é que ela obtém sucesso na gratificação dos interesses mais profundos do melhor tipo de ser humano. De fato, viver assim é viver no limite máximo do potencial humano:

> O homem que age unicamente por consideração ao que é correto e adequado fazer-se, por consideração ao que é objeto apropriado de estima e aprovação, ainda que jamais lhe concedessem tais sentimentos, age pelo motivo mais sublime e divino que a natureza humana pode conceber.[6]

26

"A mais sublime especulação do filósofo contemplativo dificilmente compensa a negligência do menor dever ativo."

Ou: não é suficiente ser sábio caso alguém espere ser sábio e virtuoso.

Quando Smith fala do "motivo mais sublime e divino que a natureza humana pode conceber", como o fez na conclusão do capítulo anterior, ele usa uma linguagem surpreendente. Atualmente, a maioria das pessoas não fala sobre os seres humanos, mesmo para retratar sua melhor condição, como "sublimes e divinos". Falamos sobre pessoas boas e boas ações, mas "sublime e divino" sugere uma forma completamente diferente de pensar sobre a benevolência, de modo a abrir um horizonte que transcende o tipo de benevolência mais comum que estamos acostumados a ver e descrever aqui na Terra.

Para encontrar pessoas falando com esse linguajar, o da transcendência, precisamos ir além da filosofia como geralmente a entendemos hoje. Falar sobre transcendência tende a deixar muitos filósofos contemporâneos desconfortáveis. Esse é o linguajar da religião e, até certo ponto, de determinadas filosofias pré-modernas e não ocidentais. Contudo, Smith curiosamente não parece ter qualquer problema em usar esse linguajar para descrever a representação máxima de sua ética, a pessoa sábia e virtuosa. Isso levanta diversas perguntas, sendo uma das mais importantes: como exatamente a pessoa sábia e virtuosa descrita por Smith compara-se com outras representações máximas que também foram consideradas por terem transcendido as limitações comuns da excelência humana.

Duas figuras específicas surgem em mente nesse sentido. São as mesmas duas que o amigo de Smith, Benjamin Franklin, celebremente evocou em sua própria e brilhante explicação sobre seus métodos para obter sucesso no "projeto ousado e árduo de atingir a perfeição moral". Para tal fim, Franklin criou uma lista notável de 13 virtudes. A última delas é a "humildade", à qual anexou o preceito de "imitar Jesus e Sócrates".[1] De tudo o que se pode e deve ser dito sobre a exortação de Franklin, vou me restringir a uma questão, por ora: como o modelo transcendente de excelência de Smith, a pessoa sábia e virtuosa, compara-se a Jesus e Sócrates, modelos clássicos da vida de excelência transcendente na tradição ocidental?

Comecemos com Sócrates. Ele serve há muito tempo como o ponto principal de referência em tentativas conscientes de autoformação em indivíduos pensantes preocupados em viver a melhor vida possível.[2] Sócrates, na realidade, aparece de forma proeminente (ou, pelo menos, com certa frequência) em *Teoria dos Sentimentos Morais*. Na maioria das vezes, Smith considera que Sócrates representa uma excelência comensurada à da pessoa sábia e virtuosa. Isso fica evidente para Smith, acima de tudo, com a atitude de Sócrates perante a morte.

A morte acaba sendo um tema proeminente em *Teoria dos Sentimentos Morais* — como apropriado para um livro que é, pelo menos em partes, um guia sobre como viver a vida. Logo no início, Smith enfatiza justamente como o medo da morte modela nossa vida. Nas primeiras dez páginas de leitura, somos informados de que "pensamos que é uma desgraça ser privado da luz do Sol; ser afastado da vida e do convívio; jazer numa fria sepultura, presa da corrupção e dos répteis da terra". Na página seguinte, aprendemos que esse "terror da morte" é o "grande veneno da felicidade" da humanidade e que ele "nos torna desgraçados enquanto vivemos".[3] Smith volta ao mesmo assunto posteriormente, chamando a morte de "a rainha dos terrores", observando que "o homem que conquistou o medo da morte provavelmente não perderá a presença de espírito na iminência de qualquer outro mal natural".[4]

O próprio Sócrates, como Smith bem o sabia, há muito tempo é o exemplo quintessencial de como o homem mortal pode transcender o terror da morte. Em *Teoria dos Sentimentos Morais*, o próprio Smith evoca repetidamente a famosa imagem de Sócrates condenado à morte pelo juri ateniense, preparando-se para beber a cicuta. Nesse sentido, a certa altura ele considera Sócrates um modelo de "heroica magnanimidade", retratando como "os amigos de Sócrates choraram quando ele bebia a poção derradeira, embora ele próprio expressasse a mais alegre e contente tranquilidade".[5] Em outro momento, ele nos chama para testemunharmos o "brilhante esplendor" de Sócrates, sugerindo que o filósofo poderia nunca ter usufruído de sua "glória" através dos tempos caso seus inimigos tivessem "permitido-lhe morrer quieto em sua cama".[6] Em outra passagem, ele reputa Sócrates como um exemplo de coragem, colocando-o entre os raros homens capazes de submeter-se "pacientemente à morte a que a justiça de seus concidadãos o condenou".[7]

Em todos esses casos, Sócrates apresenta-se como um homem sábio e virtuoso, do tipo descrito por Smith. Assim como a pessoa sábia e virtuosa, Sócrates consegue exercer a venerável virtude do autodomínio, de modo a dominar aquele que é o mais poderoso e ingovernável de todos os sentimentos próprios: o medo de nossa própria dissolução. Contudo, o que capacitou Sócrates a exibir determinado grau de autodomínio? Seus admiradores há tempos consideram sua coragem antes da morte como inseparável de seu comprometimento com a filosofia; no conhecido estudo de Montaigne, filosofar à moda de Sócrates não é nada menos do que aprender a morrer. Porém, aqui Smith toma um rumo diferente dos admiradores de Sócrates. Por mais admirável que seja seu autodomínio, há algo na forma com que Sócrates aborda a filosofia que perturba Smith. Dito de modo muito simplificado, a filosofia de Sócrates pode tê-lo libertado do medo da morte, mas falhou ao libertá-lo de outros tipos de preocupações consigo mesmo — incluindo, principalmente, o amor da atenção, que tornou-se foco de nossa pesquisa a essa altura. Nessa linha, Smith chega a colocar no mesmo barco Sócrates, Alexandre, o Grande, e Júlio César, evocando os três casos como uma "excessiva admiração de si". Daí a acusação que Smith faz de Sócrates: que "diante da respeitosa admiração de seguidores e discípulos, diante do aplauso universal do público", mesmo a "grande sabedoria" de Sócrates simplesmente não era "suficientemente grande para o impedir de imaginar que possuía a secreta e frequente intimidade com um Ser invisível e divino".[8]

Com base no que sabemos sobre Platão e outros escritores antigos, tenho que dizer que não estou totalmente seguro de que a acusação que Smith faz de Sócrates é totalmente justa. Smith está certo ao observar que Sócrates falava frequentemente com seu *daemon* — uma versão pagã do que, atualmente, é às vezes chamado de anjo da guarda — como Platão deixa claro.[9] Mas o Sócrates retratado por Platão está longe de ser um sicofanta cujo sentido de valor próprio depende de ter legiões de seguidores, tampouco é um entusiasta iludido. Portanto, talvez seja melhor procurarmos outras fontes diferentes de Smith se quisermos ter a verdade completa sobre Sócrates. Assim, a crítica que Smith faz de Sócrates lança uma luz importante sob o problema que está no cerne do projeto de viver a vida.

Smith faz uma acusação muito específica de Sócrates. Em termos das categorias que estamos usando, Sócrates cruzou a linha que separa os seres humanos que são "divinos" daqueles que acreditam que estão em conexão com os deuses. Em algum nível, a sugestão é que a sabedoria de Sócrates, o produto de sua filosofia, coloca-o no nível dos deuses e acima das outras pessoas. Isso, é claro, vai totalmente contra o que Smith acredita quanto ao que o sábio e virtuoso nunca deve esquecer: que é apenas um na multidão, sem ser melhor nem pior do que qualquer outro. Mas também vai contra o modo como uma pessoa sábia e virtuosa deve viver e agir, segundo Smith. Ser sábio e virtuoso, conforme vimos, é viver de modo que nossa sabedoria influencie nossa virtude, em vez de separar-nos ou absolver-nos da virtude. O próprio Sócrates era claramente capaz da "mais sublime especulação".

Mas Smith acredita, da mesma forma, que "a natureza não nos prescreveu essa sublime contemplação como o grande negócio e ocupação de nossas vidas".[10] Pelo contrário (e como vimos a partir do capítulo 3), ele acredita que a natureza nos fez para a ação. Dessa forma, por mais sábios que possam ser, os filósofos não podem ser considerados tão sábios quanto virtuosos se suas sublimes especulações os levam para longe daquele "dever ativo" com o qual a natureza nos responsabilizou.

27

✳

"E assim somos levados à crença numa condição futura, não
apenas pelas fraquezas, esperanças e medos da natureza humana,
mas pelos mais nobres e melhores princípios que a ela pertencem:
o amor à virtude e o horror ao vício e à injustiça."

Ou: o amor da virtude nos leva à crença religiosa, e não para longe dela.

A pessoa sábia e virtuosa, como vimos, é similar a Sócrates de muitas maneiras. Mas não totalmente. Embora ela compartilhe o autodomínio do filósofo, seu compromisso com a virtude a impede de perseguir uma vida filosófica devotada à especulação. E quanto à outra vida exemplar citada por Benjamin Franklin, a vida de Jesus?

Diferentemente de Sócrates, que aparece algumas vezes em *Teoria dos Sentimentos Morais*, Jesus não é mencionado nenhuma vez no texto do livro. Já a religião fundada no nome de Jesus é, pelos meus cálculos, mencionada três vezes na obra[1]. Curiosamente, em cada uma das vezes em que Smith menciona o cristianismo, ele concentra-se na ideia do amor. Esse fato, somado ao próprio interesse de Smith pelo amor — um interesse que o vimos professar em vários lugares —, pode levar aos que estejam interessados na questão da melhor vida a se perguntarem que lugar a religião tem nessa vida, se é que tem algum.

A resposta de Smith a essa pergunta pode surpreender alguns. Ele era, claramente, um pensador importante do Iluminismo. E o Iluminismo é visto, há muito tempo, como sendo hostil à religião. No entanto, a visão antiga dessa época já foi bastante repensada nos últimos anos, graças a um bom número de acadêmicos modernos que lançaram luz sob as conexões da religião e do Iluminismo — as quais desmentem uma visão antiquada da ortodoxia religiosa e da filosofia do Iluminismo como sendo inimigas mútuas em campos irreconciliáveis.[2] Menciono isso aqui porque os acadêmicos também estão repensando a compreensão de Smith sobre a religião. Por muitos anos, presumia-se que, com relação à religião, Smith seguia os passos de seu amigo David Hume, um filósofo famoso em sua época — e também em nossa época — por sua heterodoxia. Hume sabidamente argumentava que a crença religiosa poderia ser atribuída às partes mais covardes e de interesse próprio da natureza humana, especificamente às nossas esperanças e aos nossos medos.[3] Mas a citação deste capítulo sugere que Smith tinha uma visão bastante diferente da religião. Certamente, essa citação não é nada menos do que um repúdio às ideias de Hume sobre a religião. Onde Hume relaciona a crença ao que há de pior em nós, Smith, em um flagrante contraste, diz que somos levados à crença religiosa pelos "mais nobres e melhores princípios" da natureza humana — sem dúvida o próprio "amor à virtude".

É uma afirmação e tanto. Na verdade, há várias afirmações importantes aqui; vale a pena passarmos alguns momentos tentando desvendá-las. Primeiro, Smith está levantando uma questão sobre a religião e a natureza humana. De forma simplificada, Smith afirma que a religião é natural para nós — que não é um conceito estranho, imposto de cima, mas uma forma de crença que surge e se adequa à forma como fomos feitos. No final do capítulo, em que está a citação deste capítulo, Smith faz referência ao que ele chama de "os princípios naturais da religião".[4] Essa locução há tempos me fascina. Aqui, no entanto, quero apenas observar que Smith acredita que há princípios religiosos que nos são naturais, e o mais importante dentre estes é a "humilde esperança e expectativa de uma vida vindoura" — "esperança e expectativa essas que, por se enraizarem na natureza humana, são as únicas a poderem amparar suas nobres ideias sobre sua própria dignidade".[5]

Em segundo lugar, Smith diz que a parte de nossa natureza que suscita os princípios naturais da religião é a "mais nobre e melhor". Desde Hume até os dias atuais, os críticos da religião geralmente argumentam que os crentes passam a crer por covardia, por medo ou porque estão ansiosos e preocupados. Mas Smith acredita que muitas pessoas tomam um caminho diferente com relação à religião. Elas creem não porque querem algo que as aliviará de seu medo ou de sua ansiedade. Creem porque sentem, como ele diz, "dor e compaixão pelos sofrimentos do inocente". Elas creem, portanto — e dito dentro dos termos de nossa investigação —, não por interesse próprio, mas por uma preocupação com os outros. Essa preocupação especificamente, principalmente pelos inocentes que sofrem nas mãos dos ímpios e injustos, nos faz "naturalmente apelar aos céus" na esperança de que, por fim, nossa esperança de que Deus garanta que a justiça seja cumprida.[6]

Isso nos leva a uma terceira questão essencial sobre a visão de Smith com relação à religião. Estou usando as palavras "religião" e "crença religiosa" ao longo deste capítulo, mas precisamos ser o mais preciso possível aqui. Smith, afinal, não está realmente falando sobre todo o fenômeno que adequadamente veio a ser denominado religião; há muito pouca teologia na obra de Smith, e há ainda menos discussões sobre rituais e práticas. Da mesma forma, isso se aplica quando ele fala sobre a amplitude das crenças religiosas que descreve. Para ele, a única crença que realmente importa é aquela relacionada a um Deus onipotente, que punirá os injustos em uma vida futura. Isso, é claro, é apenas uma entre várias coisas que as pessoas podem ter em mente ao professarem sua fé. Para Smith, no entanto, essa é a crença que mais importa e, até mesmo, talvez seja a única crença que importa — uma posição que atesta o grau com que ele tinha a tendência de ver a religião exclusivamente através da lente da moralidade.

De qualquer modo, a insistência de Smith de que somos levados a essa crença pelo amor à virtude sugere que ele acredita haver um lugar para a religião na vida virtuosa. Isso o coloca fora do caminho do pensamento que enfatiza uma tensão entre as duas coisas. Em minha área, a filosofia política, essa tensão é por vezes descrita como sendo entre "Atenas" e "Jerusalém". Essas duas cidades são usadas para representar duas visões contrastantes do bem e como ele passa a ser conhecido: uma é pela razão e filosofia, e outra, pela revelação e fé.[7] Não estou preocupado em participar desse debate. Mas acredito que seja válido tê-lo por perto, nem que seja só para nos ajudar a compreender o grau com que Smith concebia sua pessoa sábia e virtuosa como uma alternativa.

28

――――― ✳ ―――――

"No todo, sempre o considerei, tanto em sua vida como depois de sua morte, estar o mais próximo possível da ideia de um homem sábio e virtuoso, dentro, talvez, dos limites da fragilidade humana."

Ou: podemos ser falhos e frágeis, mas podemos mirar alto, e o exemplo de Hume nos mostra como.

A pessoa sábia e virtuosa, como vimos, busca a perfeição. A perfeição, como também vimos, é necessariamente uma abstração para Smith, uma vez que os seres humanos de carne e osso são muito falhos em obtê-la. Porém, isso não quer dizer que não possamos chegar perto. Sem dúvida, Smith acredita que algumas pessoas, de fato, estiveram "o mais próximo possível" dela. Dentre elas, destaca-se ninguém menos do que seu amigo David Hume.

Hume morreu em agosto de 1776, apenas alguns meses após a publicação de *A Riqueza das Nações* e poucas semanas depois da Declaração de Independência dos EUA ter sido assinada. Na ocasião de sua morte — por si só um evento público, pois muitos ansiavam saber como o ateu ostensivo enfrentaria o próprio fim por não ter uma crença em uma vida futura —, Smith responsabilizou-se por escrever e publicar uma celebração a seu amigo. Esse texto apareceu na forma de uma carta para William Strahan, um amigo mútuo e editor de Hume e Smith. Nessa carta, Smith recontou o estado de espírito de Hume em seus últimos dias. A citação deste capítulo é a última frase da carta.

A carta de Smith lhe trouxe, no fundo, um grande pesar. Defender alguém largamente reputado como infiel era abrir-se à ira de certos defensores da fé, e Smith certamente sentiu essa ira. Em uma frase célebre, ele posteriormente fez uma observação sobre sua carta: "uma simples folha de papel e, como pensava, inofensiva, que escrevi com relação ao falecimento do meu amigo Sr. Hume, trouxe-me dez vezes mais insultos do que qualquer ataque violento que tivesse feito contra todo o sistema comercial da Grã-Bretanha".[1] Porém, o que Smith menos tinha era ingenuidade quando o assunto era opinião pública sobre questões religiosas. Alguém pode suspeitar que ele sabia muito bem onde estava se metendo quando escreveu a carta. Então por que o fez? Uma possível resposta é que ele queria nos ensinar algo sobre a sabedoria e a virtude. Certamente há várias lições aqui sobre esses atributos, algumas são óbvias, outras nem tanto.

Primeiramente e mais importante, uma vez que os leitores desde Smith até os dias atuais há muito reconhecem (e, de fato, nunca deixam de mencionar ao falarem sobre a carta), pretendia-se que a frase da carta, nosso foco neste capítulo, fosse por si só um eco da última linha de *Fédon*, de Platão, que reconta os últimos dias de Sócrates.[2] Vimos (no capítulo 26) que Smith teria tido razões para interessar-se por *Fédon* e seus temas à luz de seu interesse evidente pela atitude de Sócrates perante a morte. Ao aplicar para seu amigo Hume os louvores que Platão fez a Sócrates e sua atitude perante a morte, Smith obviamente quis deixar a entender que seu amigo era um Sócrates moderno.

No entanto, Smith também buscou fazer algo mais. Para Smith, Hume não é apenas um filósofo socrático. Como vemos na última frase, Hume era mais do que um filósofo: era um "homem sábio e virtuoso". E é aqui que se encontra o significado de nosso estudo. Ao colocar Hume no lugar de Sócrates, Smith pretende substituir a excelência do filósofo pela excelência do homem sábio e virtuoso. Ou seja, o homem sábio e virtuoso vai além do tipo de excelência do filósofo ao, de uma só vez, incorporar sua excelência e a ela acrescentar um novo tipo de excelência, distintiva ao próprio homem sábio e virtuoso. No corpo de sua carta, Smith deixa claro como, exatamente, Hume fez isso.

Na carta, Smith mostra que a afirmação sobre Hume ser um homem sábio e virtuoso está no fato de ele ter associado as virtudes veneráveis e as amáveis. Seu retrato de Hume enfatiza especialmente as virtudes veneráveis de seu amigo. Chamando a atenção para a submissão de Hume à morte com "absoluta disposição e a mais perfeita complacência e resignação", Smith sugere que essa resignação foi possível a Hume por sua "magnanimidade e firmeza", mesmo Hume "nunca tendo se preocupado em divulgar tal magnanimidade".[3] Continuando, ele enfatiza ainda mais a utilidade desse autodomínio magnânimo ao citar as palavras do médico de Hume, Dr. Joseph Black, que descreveu os últimos dias de seu paciente como "'totalmente desprovidos de ansiedade'", tendo sua morte ocorrido "'em tal compostura de espírito que nada poderia excedê-la'".[4] De sua parte, Smith destaca especificamente a "disposição" de Hume — uma palavra que ele usa pelo menos sete vezes para descrever seu amigo em sua rápida carta.

Nessas frases, Smith reúne vários dos temas centrais de nosso estudo, incluindo a nobreza do autodomínio, a relação entre a tranquilidade e a felicidade e a superioridade do merecimento do louvor ao louvor em si. Apesar disso, a grandeza real de Hume — e certamente a afirmação sobre sua sabedoria e virtude — está em outra passagem. O que faz de Hume tão admirável aos olhos de Smith é que ele consegue adicionar a essas virtudes veneráveis certas virtudes amáveis. Nessa linha, Smith notoriamente diz, sobre Hume, que "mesmo nas condições mais baixas de sua riqueza, sua grande e necessária frugalidade nunca o impediu de exercer, nas ocasiões apropriadas, atos de caridade e generosidade". Ao mesmo tempo, Smith observa que "a extrema gentileza de sua natureza nunca enfraqueceu a firmeza de seu espírito, ou a constância de suas resoluções". A questão central aqui é que Hume reuniu "grandes e amáveis qualidades", de forma que levou seu temperamento a ficar "alegremente equilibrado".[5]

Tendo exposto isso, agora podemos ver por que Smith pode ter estado disposto a correr os riscos de celebrar Hume publicamente, a despeito de sua reputação com relação à religião. Na escrita de Smith, Hume permanece como um modelo não apenas da excelência filosófica, mas da excelência de uma pessoa sábia e virtuosa, pessoa cujo caráter combina as virtudes veneráveis do autodomínio e da magnanimidade com as virtudes amáveis da caridade e da generosidade — pessoa cuja forma de viver é, ao mesmo tempo, boa para si mesma e para os outros. Mesmo assim, ainda há uma questão não resolvida. Afinal, Smith saiu em defesa de alguém que tinha a reputação, pelo menos para alguns, de ser ateu. O que exatamente isso pode sugerir sobre as crenças do próprio Smith?

Muitos consideraram a carta de Smith como um endosso a Hume e suas crenças, especialmente de sua infidelidade religiosa. O estudo mais completo de sua amizade, de fato, entende o louvor que Smith faz a Hume como "difícil de entender como sendo qualquer outra coisa senão um desafio deliberado ao devoto".[6] No entanto, talvez haja outra forma de compreensão. Fica claro que Smith admirava Hume por seu caráter. Contudo, admirar alguém por seu caráter não é a mesma coisa que endossar suas ideias. Atualmente, com frequência achamos difícil distinguir as duas coisas. Em nossos dias, as opiniões são, muitas vezes, consideradas um substituto de nossos valores, e ter opiniões diferentes (especialmente políticas) geralmente é entendido como uma evidência de valores suspeitos. Afastamos as pessoas que não compartilham nossas opiniões em assuntos que consideramos fundamentais, bloqueando e desfazendo a amizade com elas nas redes sociais e evitando-as na vida real. Mas Smith, vivendo durante o Iluminismo e pessoalmente comprometido com os ideais de respeito e tolerância, assumiu uma perspectiva diferente e mais generosa. Afinal, ele e Hume, acredito, tinham ideias diferentes com relação à religião.[7] Porém, Smith conseguiu separar as ideias de seu amigo sobre religião das virtudes de seu caráter, e foi isso que lhe permitiu admirar e celebrar o caráter de seu amigo, muito embora as opiniões dele fizessem Smith refletir. Assim,

Smith pôde fazer algo que muitas pessoas acham difícil de ser feito atualmente: especificamente, celebrar tudo o que ele e seu amigo tinham em comum, mesmo perante discordâncias reais, que podem levar as pessoas mais fracas a romper totalmente a relação com o outro. A carta de Smith, portanto, dá-nos um vislumbre em ação de um tipo de admiração e respeito que está cada vez mais raro nos dias atuais — e certamente um tipo que sugere que talvez ainda tenhamos muito a aprender sobre a sabedoria e a virtude com o exemplo do autor da carta, da mesma forma que o exemplo do sujeito na carta.

29

✴

"Todas as partes da natureza, se examinadas atentamente,
igualmente demonstram o cuidado providencial de seu Autor;
e podemos admirar a sabedoria e bondade de Deus até
mesmo na fraqueza e insensatez dos homens."

*Ou: além da sabedoria e da virtude do homem,
está a sabedoria e a virtude de Deus.*

Nossa pesquisa sobre os desafios de viver a vida nos levou à vida da pessoa sábia e virtuosa. Mas, além da sabedoria e da virtude do homem, está o que Smith chama de "a sabedoria e bondade de Deus". Ao lado da sabedoria e da bondade de Deus, a sabedoria e a virtude humana parecem ser menos aparentes do que "a fraqueza e insensatez dos homens".[1] Colocar o homem ao lado de Deus, como o faz Smith, lembra-nos de como até mesmo os melhores dentre os homens estão longe da perfeição absoluta.

Mas colocar isso de tal modo também faz surgir uma questão: que tipo de relacionamento é conveniente entre uma pessoa sábia e virtuosa e um Deus sábio e bom? Aqui e em outros lugares, Smith sugere que parte da tarefa de um ser humano é desenvolver uma concepção própria desse relacionamento. Isso pode ser uma das tarefas mais difíceis a serem realizadas pela pessoa sábia e virtuosa; sendo assim, não podemos encerrar nossa investigação sobre a filosofia de Smith sem fazermos, pelo menos, uma breve consideração a esse respeito.

Então quem é Deus e qual é seu papel em nossas vidas? Seria necessário, é claro, que um teólogo respondesse a essa questão, e Smith não é um. Até mesmo para sermos justos com a ideia humana de Deus, sem considerar sua existência ou ser, precisaríamos de um epistemólogo, e Smith tampouco é um. Porém, ele é um aluno dedicado do que, por vezes, é chamada de psicologia moral — ou seja, o campo de interação entre nossas ideias e cognições e nossos sentimentos e comportamentos morais — e é sob esse ponto de vista que ele levanta a questão sobre a ideia de Deus. Nessa linha, ele nos diz que "a ideia desse ser divino, cuja benevolência e sabedoria fabricaram e conduziram desde toda a eternidade a imensa máquina do universo para que produzisse, em todos os tempos, a maior quantidade possível de felicidade, é, sem dúvida, de longe o mais sublime de todos os objetos da contemplação humana".[2] Pois bem, como já observamos em diversos pontos, Smith não acredita que a contemplação, por mais sublime que seja, pode ser o único fim da atividade humana; fomos feitos para a ação, como sabemos. Mas, ao fazer essa afirmação sobre a ideia de Deus, Smith sugere que determinado tipo de ideia de Deus pode, de fato, promover nossa ação moral.

Isso se dá por pelo menos dois motivos. Primeiro, Smith acredita que determinada ideia sobre Deus pode ajudar seu possuidor a agir em consideração ao merecimento de louvor e de culpa, em vez da consideração humana mais comum ao louvor e à culpa em si. Recordemos que, anteriormente, vimos que, para Smith, a figura essencial nesse processo é o espectador imparcial – uma pessoa sábia e virtuosa que se importa mais com os julgamentos desse espectador imparcial do que com o louvor e a culpa de espectadores reais. Esses espectadores reais são, muitas vezes, imperfeitos, como sabemos, e o espectador imparcial é uma versão melhorada daqueles. Porém, ele em si é um mero representante imperfeito do julgamento genuinamente perfeito que, no pensamento de Smith, apenas Deus possui. Isso explica, em parte, por que aqueles que são incompreendidos pelo mundo geralmente são religiosos, uma vez que apenas a "religião pode lhes propiciar qualquer conforto efetivo. Apenas ela pode lhes dizer que é de pouca importância o que o homem venha a pensar de sua conduta, se o Juiz Onisciente do mundo a aprovar".[3]

A ideia de Deus como o "Juiz Onisciente do mundo" pode, portanto, ajudar a impulsionar nossa coragem e determinação para agirmos moralmente nos momentos em que enfrentamos a desaprovação do mundo. Porém, para Smith, Deus é o criador e governador do mundo, assim como seu juiz — aquele que "desde toda a eternidade" "fabricou e conduz a imensa máquina do universo". Pois bem, ao fazer essa afirmação, Smith segue os passos dos antigos estoicos que, como ele bem observa, consideravam que o mundo é "governado pela providência onipotente de um Deus sábio, poderoso e bom", em que "os vícios e a insensatez do homem" exerciam uma parte "tão necessária" quanto "sua sabedoria e virtude".[4]

Impressionado pela imensidão e complexidade dessa máquina, esperava-se que o homem sábio, ensinavam os estoicos, demonstrasse "submissão reverente à sabedoria benevolente que dirige todos os eventos da vida humana".[5] Seria essa a visão de Smith também? Muito foi escrito com relação à questão do estoicismo de Smith, mas não posso arbitrar a completude da disputa aqui.[6] Assim, encerrarei esta pesquisa sobre a filosofia de Smith sobre viver a vida observando apenas um ponto de concordância com os estoicos. Estes, diz Smith, ensinavam que a sabedoria leva a uma apreciação do lugar do indivíduo em nosso mundo bom e providencialmente organizado. Isso também nos faz querer contribuir com a ordem e a bondade do mundo por meio de nossas próprias ações. Mas essa também é a ideia de Smith. "Ao agirmos de acordo com os ditames de nossas faculdades morais, necessariamente buscamos os meios mais eficazes de promover a felicidade dos homens, e por conseguinte se pode dizer que, em certo sentido, colaboramos com a Divindade, e na medida de nossas possibilidades fazemos avançar os projetos da providência".[7] O fim de nossa bondade é, portanto, não apenas nossa própria felicidade, mas a promoção da felicidade de todos e, daí, a vontade de Deus na Terra.

Epílogo

— ⋆ —

Por Que Adam Smith em Pleno Século XXI?

Busquei mostrar, neste livro, que Adam Smith tem uma filosofia de vida que merece a atenção das pessoas que estão preocupadas em viver a melhor vida possível. Contudo, mesmo se não estivéssemos convencidos de que Smith tem algo a oferecer nesse sentido, obviamente ele não é apenas o único pensador em nossa tradição que tem algo a dizer sobre o assunto. Então por que é a filosofia dele sobre viver a vida que merece mais de nossa atenção do que qualquer outra que herdamos? Acredito que essa pergunta possa ser respondida de três formas; encerrarei este livro apresentando-as.

Tradicionalmente, duas são as fontes de orientação às quais se voltam aqueles interessados pela questão da boa vida: a religião e a filosofia. Quanto à primeira, todas as grandes tradições espirituais e de fé do mundo oferecem conselhos sobre como viver a vida sabiamente, de onde muitas pessoas extraem sentido. Quanto à segunda, os filósofos das antigas Grécia e Roma, em especial, servem há muito tempo como fontes de inspiração sobre o que faz a vida valer a pena e por quais padrões devemos julgar que determinada forma de viver seja boa ou ruim.

Contudo, as fontes tradicionais de sabedoria parecem estar inacessíveis a muitas pessoas atualmente ou, pelo menos, inacessíveis no mesmo sentido em que estavam acessíveis às gerações anteriores, para quem foram âncoras indispensáveis. Como foi observado, vivemos em uma era secular.[1] Muito embora várias pessoas vivam vidas de fé, o que acontece é que as categorias de organização de nosso mundo moderno não são mais aquelas de uma cosmovisão religiosa. Da mesma forma, Platão, Aristóteles e os estoicos continuam sendo lidos por muitos atualmente. Contudo, a ciência considera implausível para muitos os fundamentos metafísicos sobre os quais se fundamentam seus julgamentos a respeito de qual seria a melhor e a pior vida. Assim, nos dias atuais nem todos têm acesso à sabedoria acessível nessas tradições e nesses textos — um ponto que reconheço, mesmo sendo uma pessoa de fé que ganha a vida lecionando e escrevendo sobre esses e outros pensadores e tradições.

Tudo isso me leva a pensar que é uma boa ideia ampliar nossa busca por guias sábios sobre viver a vida além dessas tradições e desses textos. Precisamos de guias que "falem nossa língua" — quer dizer, que não apenas nos ofereçam inspiração e conselho, mas que o façam dentro da estrutura de crenças e das categorias que moldam nosso mundo. Esse é um dos motivos pelos quais Smith é um guia de grande ajuda para nós atualmente. Ele bebeu fartamente das fontes da antiguidade e do cristianismo, como espero evidenciar-se pelo que expus a respeito de seu pensamento. Porém, mesmo tendo acolhido muitos ensinamentos antigos e cristãos, ele reconheceu que estes precisavam ser desenvolvidos para permanecerem vivos em nosso mundo moderno. Muito de sua genialidade como filósofo moral está em sua habilidade nesse sentido, e muito de seu valor como guia para nossas questões repousa em sua capacidade de articular sabedoria em uma língua que podemos entender.

Há um segundo motivo pelo qual Smith é um guia proveitoso para nós atualmente. Nosso mundo simplesmente não é o mundo da Europa cristã medieval nem da Grécia pagã antiga. Isso é óbvio por si só. Mas esse fato é de grande importância para o problema específico de viver bem a vida em nosso mundo, que não apenas tem falta de acesso a determinadas ideias e crenças que eram fundamentais ao mundo antigo, mas também apresenta um conjunto de desafios muito peculiares para viver bem a vida. Consequentemente, ao tentarmos viver a vida atualmente, enfrentamos desafios muito diferentes daqueles enfrentados pelos cidadãos da antiga *polis* da

Grécia, ou pelos cidadãos da cidade terrena dos homens, cientes da distância para chegarem à cidade celeste de Deus.

São desafios variados e complexos, mas vale a pena recordarmos alguns deles que foram analisados neste livro. Nosso mundo, por exemplo, dá valor aos adereços da riqueza e da fortuna, sinais de sucesso em mercados modernos. Contudo, embora certo nível de riqueza e fortuna pareça ser necessário para a felicidade, após certo ponto, não levam a mais felicidade, como sabemos (e muitas pesquisas da ciência social confirmam).[2] Assim, como vimos ser enfatizado por Smith, nosso mundo também dá valor aos sinais de estima e reconhecimento: sinais que podemos mensurar agora de forma mais fácil e precisa, graças às métricas das mídias sociais. No entanto, tudo indica cada vez mais que isso tampouco leva à felicidade. E talvez o mais interessante: muitas pessoas em nosso mundo afirmam dar valor à felicidade acima de todas as outras coisas. Mas pelo menos um efeito da busca pela felicidade é que as pessoas sob esse domínio geralmente tornam-se notavelmente autocentradas e menos sintonizadas com a felicidade e o bem-estar dos outros.

Essas características de nosso mundo estão atadas em grande parte à emergência do que denominados atualmente de sociedade capitalista, e o próprio Smith chamou de "sociedade comercial". Pois bem, o objetivo deste livro, é claro, não é defender ou condenar o capitalismo. Isso já foi feito vezes suficientes por outros estudiosos. Mas, como vimos, o próprio Smith defendia a sociedade comercial, baseando-se nos significativos benefícios materiais que ela traz às pessoas mais pobres; quanto a isso, a história (pelo menos até agora) dá razão a ele. Os últimos 200 anos foram testemunhas de uma diminuição considerável da pobreza global — de fato, a esse ponto que, em 2016, a ONU adotou como primeiro de seus 17 Objetivos de Desenvolvimento Sustentável a erradicação completa da pobreza extrema global até 2030.[3] Não tem como não ficarmos gratos pelo progresso que nos permitiu, até mesmo, pensar nesse objetivo. Porém, tampouco devemos permitir que essas bem-vindas melhorias nos ceguem à custa do que elas nos proporcionaram. Se os ganhos são materiais, os custos são, muitas vezes, morais, incluindo, entre outros, sentimentos crescentes de egoísmo, isolamento e ansiedade — fenômenos nocivos à confiança social e à ordem política, mas também a nossos esforços para vivermos bem.

Smith entendia muito bem, como qualquer um de nós entende, como a sociedade comercial gera tanto benefícios como desafios. Filósofo do Iluminismo, afortunado por ter vivido antes da era da hiperespecialização, ele combinou a compreensão do economista sobre os mecanismos da sociedade comercial com o reconhecimento dos eticistas quanto aos desafios dessa sociedade. Essa explicação notável (e notavelmente equilibrada) das oportunidades da sociedade comercial, bem como de seus desafios, moldou sua filosofia de vida. Consequentemente, ele tem o que um economista chamaria de "vantagem comparativa" em relação a outros guias para um viver sábio com quem possamos estar familiarizados. Temos, então, o segundo motivo pelo qual ele nos é tão conveniente hoje. Smith escreveu para o nosso mundo, em dois sentidos. Como vimos há pouco, sua filosofia é fundamentada na língua e nos conceitos de nosso mundo. No entanto, ao desenvolver sua filosofia, ele também buscou dar resposta aos desafios singulares que nosso mundo comercial moderno nos apresenta para vivermos bem a vida.

Há, ainda, pelo menos mais um motivo pelo qual é uma boa ideia voltar-se a Smith em busca de orientação. Trata-se do tipo de filósofo que ele buscou ser. Como vimos, Smith ganhava a vida como professor de filosofia moral, atuando como ilustre professor na Universidade de Glasgow, onde ele mesmo estudou. Porém, Smith não teria muitas chances na maioria dos departamentos de filosofia atuais, área especializada e técnica. Àqueles que não são da área, os questionamentos ali feitos não seriam mais compreendidos do que questões sobre matemática avançada ou física. Até certo ponto, Smith teria recebido isso de bom grado: defensor do modo pelo qual a divisão e a especialização do trabalho aumentam a produtividade, ele mesmo percebeu as vantagens da especialização para a filosofia.[4] No entanto, ele também sabia que o que acaba sendo perdido em meio à especialização, como diversos outros filósofos proeminentes enfatizaram mais recentemente, são as questões antigas sobre a natureza da boa vida e como vivê-la.[5] Contudo, são exatamente elas que, para Smith, compõem o cerne da própria filosofia.

A filosofia moral, assim ele explica, tem dois objetivos. Um é identificar o "poder ou faculdade do espírito" que nos habilita a fazermos julgamentos. Pois bem, caso isso lhe pareça uma mera questão acadêmica ou técnica, ficará feliz em saber que Smith também pensava assim. Ele mesmo chama isso de "mera curiosidade filosófica" que, embora "de grande importância para a especulação, é irrelevante para a prática".[6] Isso sem mencionar que ele considerava esse assunto totalmente insignificante; a maior parte de seu livro sobre filosofia moral (e também dos livros que foram escritos sobre sua filosofia moral) é dedicada a isso. Apesar disso tudo, ele insiste que o primeiro objetivo da filosofia moral é responder a uma pergunta diferente. A pergunta, em suas palavras, é: "em que consiste a virtude — ou o tom do temperamento, e o teor da conduta que constitui o caráter excelente e louvável?"[7]

A filosofia de Smith sobre viver a vida é moldada por seu interesse nessa antiga pergunta sobre o que significa ter um "caráter excelente e louvável". Contudo, a forma como ele responde a essa antiga pergunta é muito moderna. Membro bem-conceituado do Iluminismo, Smith compromete-se com os métodos empíricos: observação e estudo de dados reais. Sua visão, e certamente a visão do homem sábio e virtuoso, perfeito, digno de louvor, nobre e honrado, fundamenta-se em seu estudo de pessoas reais no mundo real, conforme vimos. Tanto Smith como seu homem sábio e virtuoso são, também, observadores — "espectadores" — que descrevem detalhes do que viram em pessoas e momentos diferentes. Essa abordagem é parte do que faz seus livros serem tão acessíveis mesmo nos dias atuais. E o que talvez seja especialmente notável sobre seu livro é a maneira como ele apresenta esses insights, para que nós, leitores, os vejamos. Ao fazer isso dessa forma, ele nos treina para que sejamos bons espectadores em nosso próprio direito, mais bem capacitados para vermos e reconhecermos boas ações, bons caráteres e boas vidas quando nos deparamos com uma — nas palavras de Smith, ele busca nos fazer "reconhecer o original quando com ele deparamos".[8]

Porém, há outra parte do método de Smith. Ele não apenas observa, como também reflete sobre o que vê. Em especial, ele reflete sobre como todas as diferentes coisinhas que viu podem ser entendidas como um todo. Isso fica especialmente evidente em sua economia. Smith é, obviamente, conhecido atualmente por sua mão invisível. Mas a mão invisível é uma metáfora, especificamente uma metáfora para o que ele mesmo denomina de "sistema da liberdade natural".[9] Esse sistema, assim como muitos outros por ele descritos, é uma máquina extremamente complexa que coordena as atividades distintas de partes incontáveis. O gênio de Smith como economista reside em sua capacidade de descrever como todas essas partes distintas permanecem juntas — tornar visíveis as muitas semelhanças entre elas que são "invisíveis" em um primeiro olhar.

Essa reflexão desvenda conexões. E esse mesmo método vigora em sua filosofia moral. Assim como a economia de Smith mostra como os fenômenos distintos que vemos à nossa frente podem ser compreendidos e conectados como um todo único e integrado, sua filosofia de vida nos mostra como as diferentes partes da vida podem ser vistas como estando juntas. Isso justifica, em parte, o fato de sua ética concentrar-se em nos ajudar a reconhecer o "caráter excelente e louvável", e não apenas em classificar ações distintas como certas ou erradas. Esse caráter, como a vida que ele determina, é uma unidade, a soma de uma multidão impressionante de experiências e emoções. Sendo assim, é necessário ter um olho treinado para observá-lo, reconhecê-lo e vivê-lo — vida de ação e reflexão, sabedoria e virtude.

Lista de Citações

———— ✳ ————

1. *Teoria dos Sentimentos Morais*, segunda parte, seção II, capítulo 2 (p. 102 e 103)

2. *Teoria dos Sentimentos Morais*, primeira parte, seção I, capítulo 1 (p. 5)

3. *Teoria dos Sentimentos Morais*, segunda parte, seção III, capítulo 3 (p. 132)

4. *Teoria dos Sentimentos Morais*, primeira parte, seção III, capítulo 2 (p. 69)

5. *Teoria dos Sentimentos Morais*, primeira parte, seção III, capítulo 2 (p. 60)

6. *Teoria dos Sentimentos Morais*, terceira parte, capítulo 3, (p. 180)

7. *A Riqueza das Nações*, livro quinto, capítulo 1, terceira parte (v. 2, p. 248)

8. *Teoria dos Sentimentos Morais*, terceira parte, capítulo 3 (p. 179)

9. *Teoria dos Sentimentos Morais*, primeira parte, seção III, capítulo 3 (p. 72)

10. *Teoria dos Sentimentos Morais*, primeira parte, seção I, capítulo 4 (p. 22)

11. *Lectures on Jurisprudence*, relatório B, seção 231 (p. 497)

12. *Teoria dos Sentimentos Morais*, primeira parte, seção II, capítulo 3 (p. 43)

13. *Teoria dos Sentimentos Morais*, terceira parte, capítulo 5 (p. 201)

14. *Teoria dos Sentimentos Morais*, sexta parte, seção II, capítulo 1 (p. 282)

15 *Teoria dos Sentimentos Morais*, segunda parte, seção II, capítulo 3 (p. 106)

16. *Teoria dos Sentimentos Morais*, terceira parte, capítulo II (p. 143)

17. *Teoria dos Sentimentos Morais*, terceira parte, capítulo 1 (p. 142)

140 • Nosso Propósito Maior

18. *Teoria dos Sentimentos Morais*, segunda parte, seção II, capítulo 2 (p. 103)

19. *A Riqueza das Nações*, livro primeiro, capítulo 2 (v. 1, p. 75)

20. *Teoria dos Sentimentos Morais*, primeira parte, seção III, capítulo 3 (p. 72 e 73)

21. *Teoria dos Sentimentos Morais*, terceira parte, capítulo 3 (p. 183)

22. *Teoria dos Sentimentos Morais*, primeira parte, seção I, capítulo 5 (p. 26)

23. *Teoria dos Sentimentos Morais*, sexta parte, seção III (p. 309)

24. *Teoria dos Sentimentos Morais*, sexta parte, seção III (p. 310)

25. *Teoria dos Sentimentos Morais*, terceira parte, capítulo 2 (p. 147)

26. *Teoria dos Sentimentos Morais*, sexta parte, seção II, capítulo 3 (p. 296)

27. *Teoria dos Sentimentos Morais*, terceira parte, capítulo 5 (p. 204)

28. *Correspondence of Adam Smith*, carta 178 (p. 221)

29. *Teoria dos Sentimentos Morais*, segunda parte, seção III, capítulo 3 (p. 132)

Textos e Leituras Adicionais

———— ✳ ————

As referências aos livros de Smith são das edições Penguin Classics: *The Theory of Moral Sentiments*, do editor Ryan Patrick Hanley (Penguin, 2009), e *Wealth of Nations*, do editor Andrew S. Skinner, 2 volumes (Penguin, 1999)[*].

A edição padrão acadêmica das obras de Smith foi publicada em capa dura pela Oxford University Press e em brochura pela Liberty Fund. Conhecida como a Glasgow Edition, essa versão inclui a correspondência de Smith e as anotações de alunos de seus cursos sobre retórica e jurisprudência, bem como as edições comentadas de seus textos publicados. Foi essa a edição referenciada para citar suas Cartas sobre Jurisprudência, *Lectures on Jurisprudence*, dos editores R. L. Meek, D. D. Raphael e P. G. Stein (Liberty Fund, 1982) e *Correspondence of Adam Smith*, dos editores E. C. Mossner e I. S. Ross (Liberty Fund, 1987) [Cartas sobre Jurisprudência e Correspondência de Adam Smith, respectivamente].

Somos afortunados em ter diversas biografias excelentes de Smith. Entre as melhores e mais acessíveis, estão as de Nicholas Phillipson, *Adam Smith: An Enlightened Life* (Yale, 2010), e a de James Buchan, *The Authentic Adam Smith* (Norton, 2006). A biografia oficial e, de longe, a

---

[*] [N. T.] Consultou-se, para as referências desta tradução, as obras em português *Teoria dos Sentimentos Morais* (Martins Fontes, 1999), com tradução de Lya Luft, e *A Riqueza das Nações* (Nova Cultural, 1996), com tradução de Luiz João Baraúna. Para as demais, traduziu-se diretamente do original, mantendo as páginas ali indicadas.

mais completa é a de I. S. Ross, *The Life of Adam Smith*, em sua 2ª edição (Oxford, 2010).

Diversos volumes de artigos apresentam introduções proveitosas ao pensamento de Smith. Tive o privilégio de poder organizar um conjunto surpreendente de contribuintes que disponibilizam guias rápidos e prestativos às ideias de Smith em A*dam Smith: His Life, Thought, and Legacy*, do editor Ryan Patrick Hanley (Princeton, 2016). Várias outras coleções de artigos também merecem recomendações, incluindo, especialmente, *The Cambridge Companion to Adam Smith*, do editor Knud Haakonssen (Cambridge, 2006), e *Oxford Handbook of Adam Smith*, dos editores Christopher J. Berry, Maria Pia Paganelli e Craig Smith (Oxford, 2013).

Em busca de resumos sobre o pensamento de Smith como um todo, os leitores se beneficiarão de Jerry Z. Muller, *Adam Smith in His Time and Ours* (Princeton, 1995), e de Christopher J. Berry, *Adam Smith: A Very Short Introduction* (Oxford, 2019). O livro recente de Jesse Norman, *Adam Smith: Father of Economics* (Basic Books, 2018), apresenta uma visão geral precisa, atrativa e acessível das ideias de Smith sobre ética e economia, bem como sua importância para nosso tempo.

Aqueles que estiverem buscando uma introdução à economia de Smith apresentada em *A Riqueza das Nações*, encontrarão um bom material em Jerry Evensky, *Adam Smith's Wealth of Nations: A Reader's Guide* (Cambridge, 2015), bem como em Samuel Fleischacker, *On Adam Smith's Wealth of Nations: A Philosophical Companion* (Princeton, 2004).

Uma introdução curta e mais antiga, porém valiosa, ao *Teoria dos Sentimentos Morais* pode ser encontrada em Joseph Cropsey, *Polity and Economy* (Martinus Nijhof, 1957). Outros estudos clássicos sobre o pensamento moral e político de Smith incluem A. L. Macfie, *The Individual in Society* (Allen and Unwin, 1967), T. D. Campbell, *Adam Smith's Science of Morals* (Allen and Unwin, 1971), J. R. Lindgren, *The Social Philosophy of Adam Smith* (Martinus Nijhof, 1973) e em Donald Winch, *Adam Smith's Politics* (Cambridge, 1978). Mais recentemente, veja D. D. Raphael, *The Impar-*

tial Spectator: Adam Smith's Moral Philosophy (Oxford, 2007), que apresenta uma visão geral (por vezes polêmica) das ideias centrais de Smith. Russ Roberts oferece uma popularização de algumas das ideias de Smith sobre ética em *Como Adam Smith Pode Mudar sua Vida* (Sextante, 2015).

Meu próprio pensamento sobre inúmeros temas da filosofia de Smith foram moldados por meu engajamento contínuo com os trabalhos acadêmicos extensivos. Diversos deles merecem uma recomendação especial, uma vez que tanto leitores mais especializados quanto os menos especializados de *Teoria dos Sentimentos Morais* poderão se beneficiar deles.

A visão de Smith sobre o interesse próprio (assunto do capítulo 1 deste livro) é muito bem pesquisada no artigo de Eugene Heath, "Adam Smith and Self-Interest", no *Oxford Handbook of Adam Smith*. Um bom panorama sobre a pré-história do interesse próprio pode ser encontrado em Milton L. Myers, *The Soul of Modern Economic Man: Ideas of Self-Interest, Thomas Hobbes to Adam Smith* (Chicago, 1983), e em Pierre Force, *Self-Interest Before Adam Smith* (Cambridge, 2003).

A abordagem que Smith faz sobre o egoísmo e altruísmo (um assunto analisado no capítulo 2), é muito bem iluminado por Vernon L. Smith e Bart J. Wilson em *Humanomics: Moral Sentiments and the Wealth of Nations for the Twenty-First Century* (Cambridge, 2019). Outra leitura obrigatória é o artigo clássico de Vernon Smith, "The Two Faces of Adam Smith", *Southern Economic Journal* 65 (1998).

O conceito de Smith sobre simpatia (capítulo 4) foi examinado por muitos acadêmicos; entre os melhores estudos, está o de Fonna Forman-Barzilai, *Adam Smith and the Circles of Sympathy* (Cambridge, 2010). A história sobre o conceito da simpatia, tanto antes como depois de Smith, é estudado em *Sympathy: A History*, do editor Eric Schliesser (Oxford, 2015); veja também Michael Frazer, *The Enlightenment of Sympathy* (Oxford, 2010). Sobre as maneiras como os modelos de troca de simpatia de Smith moldam suas ideias sobre a troca econômica, veja especialmente James Otteson, *Adam Smith's Marketplace of Life* (Cambridge, 2002).

Muitos acadêmicos explicaram o papel que a imaginação (capítulos 4 e 5) desempenha no sistema de Smith; meu maior aprendizado nessa frente foi com o tratamento de mestre dado por Charles L. Griswold, Jr., *Adam Smith and the Virtues of Enlightenment* (Cambridge, 1999).

Entre os primeiros estudos que chamaram a atenção para as preocupações de Smith com os pobres (capítulo 5) de Istvan Hont e Michael Ignatief, "Needs and Justice in the *Wealth of Nations*: An Introductory Essay" em seu importante volume *Wealth and Virtue* (Cambridge, 1983). Desde o artigo deles, os livros de Muller, Evensky e Fleischacker citados há pouco fizeram muito para aprofundar nossa compreensão sobre esse lado das preocupações de Smith.

Os interesses de Smith pela felicidade e pelo melhoramento de nossa condição (capítulos 5, 6 e 8) receberam bastante atenção recentemente. Entre os melhores estudos mais recentes, está o artigo de Dennis Rasmussen, "Does 'Bettering Our Condition' Really ftake Us Better Of?", *American Political Science Review* 100 (2006).

Sobre o *Das Adam Smith Problem* (capítulo 7), veja Leonidas Montes, citado há pouco, "Das Adam Smith Problem: Its Origins, the Stages of the Current Debate, and One Implication for Our Understanding of Sympathy", *Journal of the History of Economic Thought* 25 (2003).

Um guia muito útil às ideias de Smith sobre a corrupção (capítulos 7 e 9) pode ser encontrado no artigo de Lisa Hill, "Adam Smith and the Theme of Corruption", *Review of Politics* 68 (2006). De forma relacionada, há muitas comparações de Smith com Rousseau e Marx (ambos também mencionados no capítulo 9). Sobre Marx e Smith, veja especialmente R. L. Meek, *Smith, Marx, and After* (Chapman and Hall, 1977), e Spencer Pack, *Capitalism as a Moral System* (Edward Elgar, 1991). Quanto a Rousseau e Smith, veja especialmente Rasmussen, *The Problems and Promise of Commercial Society: Adam Smith's Response to Rousseau* (Penn State, 2008), e Griswold, *Jean-Jacques Rousseau and Adam Smith: A Philosophical Encounter* (Routledge, 2018).

As ideias de Smith sobre a amizade (capítulo 10) são exploradas de forma muito conveniente em diversos artigos, incluindo o de Douglas J., Den Uyl e Griswold, "Adam Smith on Friendship and Love", *Review of Metaphysics* 49 (1996), e de Hill e Peter McCarthy, "On Friendship and Necessitudo in Adam Smith", *History of the Human Sciences* 17 (2004).

Há tempos sou fascinado pelo tratamento dado por Smith ao tema da ansiedade (capítulos 10 e 11). O único estudo que conheço direcionado a esse assunto é o de R. F. Brissenden, "Authority, Guilt, and Anxiety in *The Theory of Moral Sentiments*", *Texas Studies in Literature and Language* 11 (1969).

Os temas centrais das palestras de Smith sobre a jurisprudência (capítulo 11) são proveitosamente pesquisados por Knud Haakonssen em "The Lectures on Jurisprudence", em *Adam Smith: His Life, Thought, and Legacy*. Diversos estudos compararam Smith a Aristóteles; aprendi bastante especialmente com Martin Calkins e Patricia Werhane, em "Adam Smith, Aristotle, and the Virtues of Commerce", *Journal of Value Inquiry* 32 (1998), e com Laurence Berns, "Aristotle and Adam Smith on Justice: Cooperation between Ancients and Moderns?", *Review of Metaphysics* 48 (1994).

O tratamento dado por Smith à justiça (capítulo 12) foi examinado por muitos acadêmicos, incluindo vários que já foram recomendados nesta bibliografia. A significância maior em seu conceito de justiça é bem desenvolvida em Haakonssen, *The Science of a Legislator* (Cambridge, 1981). Aprendi muito sobre a compreensão de Smith sobre a relação entre justiça e ressentimento com Pack e Schliesser, em "Smith's Humean Criticism of Hume's Account of the Origin of Justice", *Journal of the History of Philosophy* 44 (2006).

O amor (capítulo 13) não tem parecido ser um ponto central para os estudiosos de Smith. Porém, além do artigo proveitoso de Den Uyl e Griswold mencionado há pouco, veja também Martha Nussbaum, *Upheavals of Thought* (Cambridge, 2001), e Lauren Brubaker, "'A Particular Turn or Habit of the Imagination': Adam Smith on Love, Friendship, and Philosophy", em *Love and Friendship*, do editor Eduardo Velásquez (Lexington, 2003).

O comprometimento de Smith com o pluralismo (capítulo 14) recebeu uma atenção crescente em anos recentes. Nesse sentido, veja especialmente Jack Russell Weinstein, *Adam Smith's Pluralism: Rationality, Education, and the Moral Sentiments* (Yale, 2013), e Michael B. Gill, "Moral Pluralism in Smith and His Contempo-raries", *Revue Internationale de Philosophie* 68 (2014).

O capítulo 15 menciona o célebre homem do sistema de Smith. Muitos comentaristas explicaram a significância desse conceito no pensamento político de Smith; uma narrativa especialmente dinâmica é dada por F. A. Hayek, em "Adam Smith's Message in Today's Language", *Daily Telegraph*, de 9 de março de 1976; também muito útil nessa linha é Craig Smith, *Adam Smith's Political Philosophy* (Routledge, 2006).

Muitos comentaristas observaram a distinção que Smith faz entre o amor ao louvor e o amor ao merecimento de louvor (capítulos 16 e 25). Além da abordagem encontrada no livro deVernon Smith e Bart Wilson citado há pouco, veja Sveinung Sivertsen, "Love Redirected: On Adam Smith's Love of Praiseworthiness", *Journal of Scottish Philosophy* 15 (2017).

Além do livro de Raphael citado há pouco, a teoria do espectador imparcial (capítulo 17) é examinada de forma muito inspiradora em diversos estudos da ideia de Smith quanto ao julgamento, incluindo especialmente Fleischacker, *A Third Concept of Liberty: Judgment and Freedom in Kant and Adam Smith* (Princeton, 1999). Também de muito valor são o artigo de Karen Valihora, "Judgement of Judgement: Adam Smith's *Theory of Moral Sentiments*", *British Journal of Aesthetics* 41 (2001), e o capítulo de Vivienne Brown, "Intersubjectivity and Moral Judgment in Adam Smith's *Theory of Moral Sentiments*", em *Intersubjectivity and Objectivity in Adam Smith and Edmund Husserl,* dos editores Christel Fricke e Dagfinn Føllesdal (Ontos, 2012).

O comprometimento de Smith com os princípios de igualdade e dignidade (capítulos 18 e 19) é agora mais reconhecido do que nunca graças a vários estudos, incluindo os de Iain ftcLean, *Adam Smith, Radical and Egalitarian* (Palgrave Macmillan, 2006), Remy Debes, "Adam Smith on Dignity and Equality", *British Journal for the History of Philosophy* 20 (2012), Lisa Herzog, *Inventing the Market: Smith, Hegel, and Political Theory* (Oxford, 2013), e Elizabeth Anderson, "Adam Smith and Equality", em A*dam Smith: His Life, Thought, and Legacy*. David Levy e Sandra Peart escreveram de forma muito esclarecedora sobre a significância do carregador e do filósofo; veja seu artigo introdutório no volume *The Street Porter and the Philosopher: Conversations on Analytical Egalitarianism* (Michigan, 2008).

A teoria de Smith sobre a virtude (capítulo 21) foi proveitosamente esclarecida em diversos trabalhos, especialmente no de Montes, *Adam Smith in Context* (Palgrave Macmillan, 2004). As ideias de Smith sobre as virtudes também desempenham um papel proeminente em Deirdre McCloskey, *The Bourgeois Virtues: Ethics for an Age of Commerce* (Chicago, 2006).

Aqueles interessados no tema sobre como uma vida de filosofia é compatível com uma vida de virtude ativa (capítulos 23 e 26), encontrarão um material que dará muito o que pensar no livro recente de Eric Schliesser, *Adam Smith: Systematic Philosopher and Public Thinker* (Oxford, 2017).

A relação entre Smith e os pensadores antigos, como Sócrates, Platão e os estoicos (capítulos 26 e 29), foi examinada por diversos estudiosos, mas de forma mais extensa por Gloria Vivenza, *Adam Smith and the Classics* (Oxford, 2001). O artigo de Andrew J. Corsa, "Modern Greatness of Soul in Hume and Smith", *Ergo* 2 (2015), examina de forma muito inspiradora as reinterpretações de Hume e de Smith sobre a "magnanimidade socrática".

A amizade de Smith e Hume e seu engajamento nas ideias de Hume (capítulo 28) tem sido de interesse dos acadêmicos há muito tempo. A abordagem mais recente e abrangente é de Rasmussen, *The Infidel and the*

Professor: David Hume, Adam Smith, and the Friendship That Shaped Modern Thought (Princeton, 2017). Os leitores mais empenhados também devem consultar a nova edição com textos relevantes de Rasmussen: *Adam Smith and the Death of David Hume: The Letter to Strahan and Related Texts* (Lexington, 2018). Eric Schliesser também oferece uma abordagem inspiradora da carta de Smith em "The Obituary of a Vain Philosopher: Adam Smith's Reflections on Hume's Life", *Hume Studies* 29 (2003).

As dedicações religiosa e teológica de Smith (capítulos 27 a 29) surgiram recentemente como pontos de debate entre os acadêmicos especialistas; compare, por exemplo, Gavin Kennedy, *An Authentic Account of Adam Smith* (Palgrave ftacmillan, 2017), e o volume *Adam Smith as Theologian*, do editor Paul Oslington (Routledge, 2011). Um ponto de entrada muito útil para esses debates pode ser encontrado no artigo de Gordon Graham, "Adam Smith and Religion", em *Adam Smith: His Life, Thought, and Legacy*.

Por fim, escrevi muito mais extensivamente em outros lugares sobre os temas apresentados neste livro. Várias dessas abordagens aparecem em diversos estudos e artigos, mas os interessados em meus argumentos mais completos, além de como os situo dentro dos extensivos debates em fontes secundárias, poderão encontrar vários deles em dois de meus livros: *Adam Smith and the Character of Virtue* (Cambridge, 2009), e *Love's Enlightenment: Rethinking Charity in Modernity* (Cambridge, 2017).

Notas

Introdução

1. Quanto à minha compreensão do que significa ter uma "filosofia de vida", devo muito a Alexander Nehamas, *The Art of Living* (California, 1998) e a Pierre Hadot, *Philosophy as a Way of Life* (Blackwell, 1995) [disponível em português com o título *Filosofia Como Maneira de Viver*]. Minhas ideias sobre viver bem também se devem profundamente aos ensinamentos e à escrita de Leon Kass; veja especialmente seu livro *Leading a Worthy Life: Finding Meaning in Modern Times* (Encounter, 2017).
2. Jordan Peterson, *12 Regras para a Vida: Um Antídoto para o Caos* (Alta Books, 2018).
3. Dugald Stewart, "Account of the Life and Writings of Adam Smith, LL.D.", em *Essays on Philosophical Subjects*, dos editores W. P. D. Wightman e J. C. Bryce (Liberty Fund, 1982), p. 291.
4. Woodrow Wilson, *An Old Master, and Other Political Essays* (C. Scribner's Sons, 1893), p. 17–18.
5. Os leitores interessados nesse aspecto de Smith farão muito bem se consultarem Russ Roberts, *How Adam Smith Can Change Your Life* (Penguin, 2014) [disponível em português com o título *Como Adam Smith Pode Mudar sua Vida*], que busca apresentar o conselho de Smith sobre "o que é a boa vida e como alcançá-la" (2) ao reformular *A Teoria dos Sentimentos Morais* de "forma digerível" para os leitores que provavelmente não "acharão tempo para ler todo o original" (10).
6. Knud Haakonssen e Donald Winch, "The Legacy of Adam Smith", em *The Cambridge Companion to Adam Smith*, do editor Haakonssen (Cambridge, 2006), p. 385.
7. Muito embora a maneira pela qual apresente as ideias de Smith aqui seja única, a maioria de minhas discretas sustentações é geralmente aceita entre os estudiosos. Quando, de fato, faço afirmações heterodoxas ou a respeito de questões sobre as quais há um debate significativo, indico-as nas notas.

8. Os leitores que estiverem buscando uma introdução mais abrangente à vida e ao pensamento de Smith farão bem ao consultar os livros de Phillipson, de Buchan e de Norman, listados nas sugestões de leitura adicional.

1. Do Interesse Próprio

1. George Stigler, "Smith's Travels on the Ship of State", em *Essays on Adam Smith*, dos editores Andrew S. Skinner e Thomas Wilson (Oxford, 1975), p. 237.
2. *Teoria dos Sentimentos Morais*, p. 265.
3. *Teoria dos Sentimentos Morais*, p. 226.
4. *Teoria dos Sentimentos Morais*, p. 377.
5. *Teoria dos Sentimentos Morais*, p. 210.
6. Veja também *Teoria dos Sentimentos Morais*, p. 274.

2. Do Cuidado pelos Outros

1. Para uma releitura especialmente estimulante sobre as ideias de Smith sobre o altruísmo e o egoísmo sob uma perspectiva científica social, veja o livro de Vernon L. Smith e Bart J. Wilson, *Humanomics: Moral Sentiments and the Wealth of Nations for the Twenty-First Century* (Cambridge, 2019).
2. Nem todos os filósofos concordam que estabelecer uma unidade na vida de alguém é um objetivo desejável; para obter uma contrapartida importante à ideia que estou desenvolvendo aqui, veja Charles Larmore, "The Idea of a Life Plan", *Social Philosophy and Policy* 16 (1999).
3. *Teoria dos Sentimentos Morais*, p. 335.

4. Da Imaginação

1. *Teoria dos Sentimentos Morais*, p. 139.
2. Sobre a dinâmica das culturas da honra, veja o livro de Tamler Sommers, *Why Honor Matters* (Basic Books, 2018). O próprio Smith era fascinado pela corte de Luís XIV; veja, por exemplo, *Teoria dos Sentimentos Morais*, p. 64 e 65.

5. Do Melhoramento de Nossa Condição

1. *A Riqueza das Nações*, v. 1, p. 342.
2. *Teoria dos Sentimentos Morais*, p. 60.
3. *Teoria dos Sentimentos Morais*, p. 59.
4. *Teoria dos Sentimentos Morais*, p. 223.

6. Das Misérias e Perturbações

1. O estudo clássico em psicologia é de Philip Brickman et al., "Lottery Winners and Accident Victims: Is Happiness Relative?", *Journal of Personality and Social Psychology* 36 (1978); mais recentemente, veja Bruno Frey, *Economics of Happiness* (Springer, 2018).
2. *Teoria dos Sentimentos Morais*, p. 180.
3. *Teoria dos Sentimentos Morais*, p. 180.
4. *Teoria dos Sentimentos Morais*, p. 181.
5. *Teoria dos Sentimentos Morais*, p. 221–224.

7. Da Mente Saudável

1. *Teoria dos Sentimentos Morais*, p. 226.
2. *A Riqueza das Nações*, v. 1, p. 109–19.
3. *A Riqueza das Nações*, v. 2, p. 248.
4. *A Riqueza das Nações*, v. 2, p. 248 e 249.
5. Quanto às ideias de Smith sobre as instituições, veja Nathan Rosenberg, "Some Institutional Aspects of the *Wealth of Nations*", *Journal of Political Economy* 68 (1960); e, especialmente, Jerry Muller, *Adam Smith in His Time and Ours* (Princeton, 1995).

8. Da Tranquilidade e do Prazer

1. *Teoria dos Sentimentos Morais*, p. 181.
2. *Teoria dos Sentimentos Morais*, p. 226.

9. Da Adoração às Riquezas

1. Para uma defesa contemporânea dos benefícios dessa abordagem, veja o livro de Diana Mutz, *Hearing the Other Side: Deliberative vs. Participatory Democracy* (Cambridge, 2006).
2. Veja, por exemplo, o livro de Denise Schaefer, *Rousseau on Education, Freedom and Judgment* (Penn State, 2013), e de Laurence Cooper, *Rousseau, Nature, and the Problem of the Good Life* (Penn State, 1999).
3. Jean-Jacques Rousseau, *Emílio, ou Da Educação*, tradução de Sérgio Milliet (Difel, 1979), p. 15.

10. Da Amizade

1. *Teoria dos Sentimentos Morais*, p. 55.
2. *Teoria dos Sentimentos Morais*, p. 30.
3. *Teoria dos Sentimentos Morais*, p. 282.

11. Do Prazer

1. *Lectures on Jurisprudence*, p. 497.
2. Aristóteles, *A Política*, p. 3–5.
3. *Teoria dos Sentimentos Morais*, p. 31.

12. Do Ódio e da Ira

1. *Teoria dos Sentimentos Morais*, p. 43.
2. *Teoria dos Sentimentos Morais*, p. 45.
3. Veja, por exemplo, *Teoria dos Sentimentos Morais*, p. 30–37.
4. *Teoria dos Sentimentos Morais*, p. 93 e 97.

13. Do Ser Amado

1. Veja, por exemplo, o livro de Nancy Folbre, *The Invisible Heart: Economics and Family Values* (New Press, 2001).
2. *Teoria dos Sentimentos Morais*, p. 45.
3. *Teoria dos Sentimentos Morais*, p. 48.

14. Do amar

1. *A Riqueza das Nações*, v. 1, p. 74.
2. O debate sobre se Smith é mais bem compreendido como filósofo normativo ou como cientista social descritivo é proeminente há muito tempo entre os estudiosos do tema. Eu fico com a primeira opção; uma análise clássica da segunda encontra-se no livro de T. D. Campbell, *Adam Smith's Science of Morals* (Allen e Unwin, 1971); para algo mais recente, veja a obra de Fonna Forman-Barzilai, *Adam Smith and the Circles of Sympathy* (Cambridge, 2010).
3. Nesse caso, tenho em mente especialmente a conhecida defesa do "pluralismo de valores" feita por Isaiah Berlin. Para uma análise mais recente, veja especialmente o trabalho de George Crowder, "Pluralism, Relativism, and Liberalism", em *The Cambridge Companion to Isaiah Berlin*, dos editores Steven B. Smith e Joshua L. Cherniss (Cambridge, 2018).
4. *Teoria dos Sentimentos Morais*, p. 267–269.

15. Do Prosperar

1. *Teoria dos Sentimentos Morais*, p. 106.
2. *Teoria dos Sentimentos Morais*, p. 292–293.
3. *Teoria dos Sentimentos Morais*, p. 107.

4. Minha ênfase aqui a respeito dos comentários de Smith sobre o amor e a prosperidade diferenciam-se de uma leitura comum desses trechos que enfatizam a nítida distinção entre justiça e benevolência. Para uma articulação pioneira desse posicionamento, com frequentes repercussões, veja o livro de Joseph Cropsey, *Polity and Economy* (Martinus Nijhof, 1957), p. 32–33.
5. *Teoria dos Sentimentos Morais*, p. 106–107.

16. Do Ser Amável

1. *Teoria dos Sentimentos Morais*, p. 140.
2. *Teoria dos Sentimentos Morais*, p. 149.
3. *Teoria dos Sentimentos Morais*, p. 143.

17. Do Ver-nos a Nós Mesmos

1. *Teoria dos Sentimentos Morais*, p. 191.
2. *Teoria dos Sentimentos Morais*, p. 140.
3. *Teoria dos Sentimentos Morais*, p. 191.
4. *Teoria dos Sentimentos Morais*, p. 164.

18. Da Dignidade

1. *Teoria dos Sentimentos Morais*, p. 168.
2. *Teoria dos Sentimentos Morais*, p. 166.
3. *Teoria dos Sentimentos Morais*, p. 103.
4. *Teoria dos Sentimentos Morais*, p. 176–178.

19. Da Igualdade

1. *A Riqueza das Nações*, v. 1, p. 75.
2. Max Weber, "Politics as a Vocation", em *From Max Weber: Essays in Sociology*, dos editores H. H. Gerth e C. Wright ftills (Routledge, 1991), p. 116.
3. Platão, *A República*, p. 414b–415c.

20. Da Escolha

1. *Teoria dos Sentimentos Morais*, p. 72–73.
2. *Teoria dos Sentimentos Morais*, p. 72–73.
3. *Teoria dos Sentimentos Morais*, p. 324.
4. *Teoria dos Sentimentos Morais*, p. 312–313.
5. Antes de mim, Russ Roberts já falava sobre o "caminho menos percorrido" nesse contexto; veja *How Adam Smith Can Change Your Life*, p. 112–14.

21. De Si Mesmo e Dos Outros

1. Uma introdução proveitosa para a ética das virtudes pode ser encontrada nos ensaios coletados e editados por Stephen Darwall em *Virtue Ethics* (Blackwell, 2002). Diversos acadêmicos (incluo-me entre eles) argumentaram que o próprio Smith merece ser visto como um eticista das virtudes; veja, por exemplo, Deirdre McCloskey, "Adam Smith, the Last of the Former Virtue Ethicists", *History of Political Economy* 40 (2008).
2. *Teoria dos Sentimentos Morais*, p. 26.
3. *Teoria dos Sentimentos Morais*, p. 24.
4. *Teoria dos Sentimentos Morais*, p. 183.
5. *Teoria dos Sentimentos Morais*, p. 24.

22. Da Perfeição

1. Acredito que o conceito de perfeição seja central para Smith. Outros o leem como sendo menos investido nessa ideia; veja, por exemplo, Forman-Barzilai, *Adam Smith and the Circles of Sympathy*.
2. *Teoria dos Sentimentos Morais*, p. 27–28; veja também p. 309.
3. *Teoria dos Sentimentos Morais*, p. 270.

23. Da Sabedoria e da Virtude

1. Smith, consistente com sua época, fala do "homem sábio e virtuoso". Consistente com nossos tempos e sem haver qualquer motivo em contrário por parte de Smith, senti-me livre para falar também sobre a "pessoa sábia e virtuosa".
2. Veja, por exemplo, o livro de Hannah Arendt, *A Condição Humana*, 10ª edição (Rio de Janeiro, 2007), especialmente as páginas 15–26 e 307–317.
3. *Teoria dos Sentimentos Morais*, p. 309–310.

24. Da Humildade e Beneficência

1. Platão, *A República*, p. 516c–e.
2. *Teoria dos Sentimentos Morais*, p. 309–310.
3. *Teoria dos Sentimentos Morais*, p. 310.
4. *Teoria dos Sentimentos Morais,* p. 294.
5. *Teoria dos Sentimentos Morais*, p. 285–286.

25. Do Louvor e do Merecimento de Ser Louvado

1. *Teoria dos Sentimentos Morais*, p. 159.
2. *Teoria dos Sentimentos Morais*, p. 301.

3. *Teoria dos Sentimentos Morais*, p. 147.
4. *Teoria dos Sentimentos Morais*, p. 142.
5. *Teoria dos Sentimentos Morais*, p. 178.
6. *Teoria dos Sentimentos Morais*, p. 385.

26. De Sócrates

1. Benjamin Franklin, *Autobiography*, em *Franklin: Writings*, do editor J. A. Leo Lemay (Library of America, 1987), p. 1383–85.
2. Veja Nehamas, *Art of Living*, especialmente sua abordagem a Montaigne, Nietzsche e Foucault na segunda parte.
3. *Teoria dos Sentimentos Morais*, p. 10–11.
4. *Teoria dos Sentimentos Morais*, p. 299.
5. *Teoria dos Sentimentos Morais*, p. 57.
6. *Teoria dos Sentimentos Morais*, p. 298.
7. *Teoria dos Sentimentos Morais*, p. 354.
8. *Teoria dos Sentimentos Morais*, p. 313–314.
9. Veja, por exemplo, *A Apologia de Sócrates*, p. 31c–e, escrita por Platão.
10. *Teoria dos Sentimentos Morais*, p. 363.

27. De Jesus

1. *Teoria dos Sentimentos Morais*, p. 26, 207, 373.
2. Entre muitos outros estudos, veja David Sorkin, *The Religious Enlightenment* (Princeton, 2008).
3. Hume, *História Natural da Religião,* especialmente as seções 3 e 13.
4. *Teoria dos Sentimentos Morais*, p. 206.
5. *Teoria dos Sentimentos Morais*, p. 161.
6. *Teoria dos Sentimentos Morais*, p. 204.
7. Veja, por exemplo, Leo Strauss, "Jerusalem and Athens: Some Preliminary Reflections", em *Studies in Platonic Political Philosophy*, do editor Thomas Pangle (Chicago, 1983).

28. De Hume

1. *Correspondence of Adam Smith*, carta 208, p. 251.
2. Platão, *Fédon*, p. 118a.
3. *Correspondence of Adam Smith*, carta 178, p. 218–19.
4. *Correspondence of Adam Smith*, carta 178, p. 220.
5. *Correspondence of Adam Smith*, carta 178, p. 221.

6. Dennis Rasmussen, *The Infidel and the Professor: David Hume, Adam Smith, and the Friendship That Shaped Modern Thought* (Princeton, 2017), p. 222.
7. Nem todos os acadêmicos concordam. Além do livro de Rasmussen citado logo acima, veja, por exemplo, Gavin Kennedy, "Adam Smith on Religion", em *Oxford Handbook of Adam Smith*, dos editores Christopher J. Berry, Maria Pia Paganelli e Craig Smith (Oxford, 2013).

29. De Deus

1. Veja também *Teoria dos Sentimentos Morais*, p. 315–316.
2. *Teoria dos Sentimentos Morais*, p. 296.
3. *Teoria dos Sentimentos Morais*, p. 151.
4. *Teoria dos Sentimentos Morais*, p. 296 e 41.
5. *Teoria dos Sentimentos Morais*, p. 363; veja também p. 343–350.
6. Para ver os dois polos desse debate, compare a introdução de D. D. Raphael e A. L. Macfie à edição de Glasgow do *Teoria dos Sentimentos Morais*, enfatizando que Smith compartilha das ideias do estoicismo, com Eric Schliesser, *Adam Smith: Systematic Philosopher and Public Thinker* (Oxford, 2018), que vai na direção contrária.
7. *Teoria dos Sentimentos Morais*, p. 200.

Epílogo. Por Que Adam Smith em Pleno Século XXI?

1. Charles Taylor, *Uma Era Secular* (2010).
2. Veja, por exemplo, Bruno Frey e Alois Stutzer, *Happiness and Economics* (Princeton, 2002).
3. Um esboço do ODS 1, da ONU, está disponível em: https://nacoesunidas.org/pos2015/ods1/; e as declarações anuais do secretário-geral em relação ao ODS 1 estão disponíveis, em inglês, em: https://sustainabledevelopment.un.org/sdg1.
4. *A Riqueza das Nações*, v. 1, p. 70.
5. Veja Hadot, *Philosophy as a Way of Life*, p. 264–276; Nehamas, *Art of Living*, p. 1–5.
6. *Teoria dos Sentimentos Morais*, p. 391–392.
7. *Teoria dos Sentimentos Morais*, p. 333.
8. *Teoria dos Sentimentos Morais*, p. 410.
9. *A Riqueza das Nações*, v. 2, p. 169–170.

Agradecimentos

Sou incrivelmente afortunado — abençoado é a palavra que não sai da cabeça — por ser um estudioso de Adam Smith. Passar anos com ele próprio tem sido uma alegria. Mas também tem sido uma alegria passar tempo com um grupo maravilhoso de colegas, amigos e alunos que continuam a me ensinar muito, tanto sobre Smith como sobre a vida. Diversos amigos leram e comentaram generosamente os primeiros rascunhos do material deste livro; sou especialmente grato a Doug Den Uyl, Sam Fleischacker, Gordon Graham e Charles Griswold pelas muitas sugestões proveitosas. Dois grandes amigos de fora da academia, David Applebaum e Adam Hellegers, também se sujeitaram a ler o manuscrito e fizeram muito para melhorá-lo (a próxima rodada é por minha conta!). Uma sessão em que o autor pode se encontrar com críticos, na International Adam Smith Society, em sua reunião anual, também me trouxe um retorno proveitoso; sou muito grato a Keith Hankins por ter organizado a sessão e a Karen Valihora e Brennan McDavid por seus comentários. Este livro simplesmente não existiria se não fosse por diversas pessoas da Princeton University Press. Sou especialmente grato a Al Bertrand por me encorajar a aceitar o desafio de começar a escrever e a Rob Tempio pela divulgação do livro e por recrutar dois revisores muito inspiradores, cujos comentários ajudaram muito o produto final.

Este livro é dedicado à minha amada filha. Querida Paige, apenas espero que Smith tenha me sido útil para ajudá-la a descobrir o dom e o mistério de sua própria e maravilhosa vida.

Projetos corporativos e
edições personalizadas
dentro da sua
estratégia de negócio.
Já pensou nisso?

Coordenação de Eventos
Viviane Paiva
viviane@altabooks.com.br

Assistente Comercial
Fillipe Amorim
vendas.corporativas@altabooks.com.br

A Alta Books tem criado experiências incríveis
no meio corporativo. Com a crescente
implementação da educação corporativa nas
empresas, o livro entra como uma importante
fonte de conhecimento. Com atendimento
personalizado, conseguimos identificar as
principais necessidades, e criar uma seleção
de livros que podem ser utilizados de diversas
maneiras, como por exemplo, para fortalecer
relacionamento com suas equipes/ seus clientes.
Você já utilizou o livro para alguma ação
estratégica na sua empresa?

Entre em contato com nosso time para entender
melhor as possibilidades de personalização e
incentivo ao desenvolvimento pessoal
e profissional.

PUBLIQUE
SEU LIVRO

Publique seu livro com a Alta Books.
Para mais informações envie um e-mail
para: autoria@altabooks.com.br

 /altabooks   /alta-books   /altabooks   /altabooks

CONHEÇA
OUTROS LIVROS
DA **ALTA LIFE**

Todas as imagens são meramente ilustrativas.